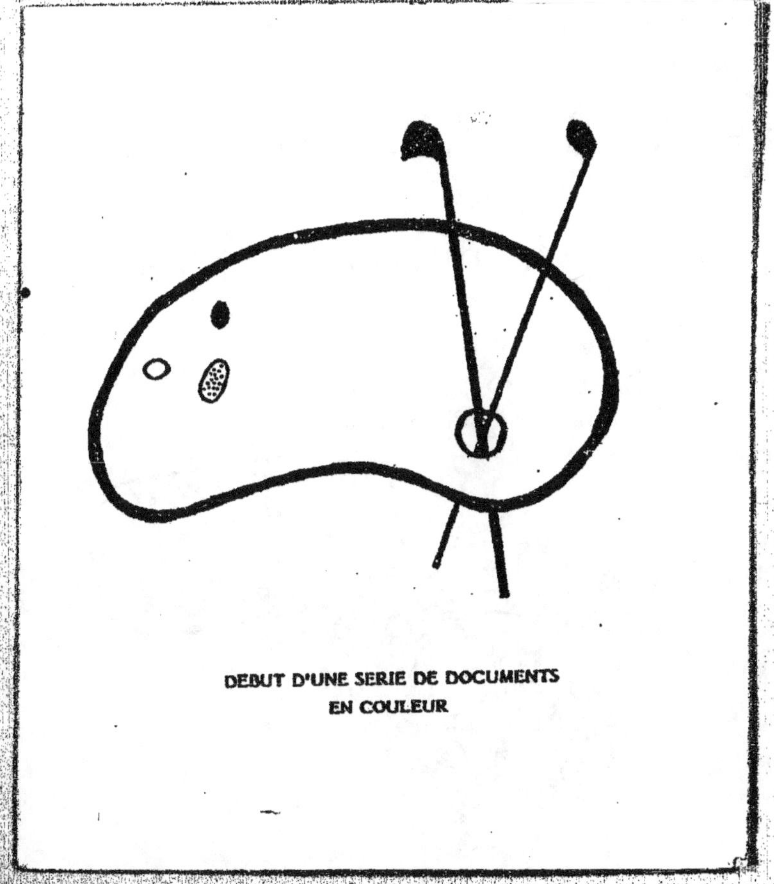

DEBUT D'UNE SERIE DE DOCUMENTS
EN COULEUR

NOS RAISONS

DE

N'ÊTRE PAS PROTESTANTS

PAR

le R. P. LODIEL, S. J.

Professeur de Philosophie

PARIS

LIBRAIRIE BLOUD & Cie

4, RUE MADAME ET RUE DE RENNES, 59

1904

SCIENCE ET RELIGION

Études pour le temps présent. — Prix 0 fr. 60 le vol.

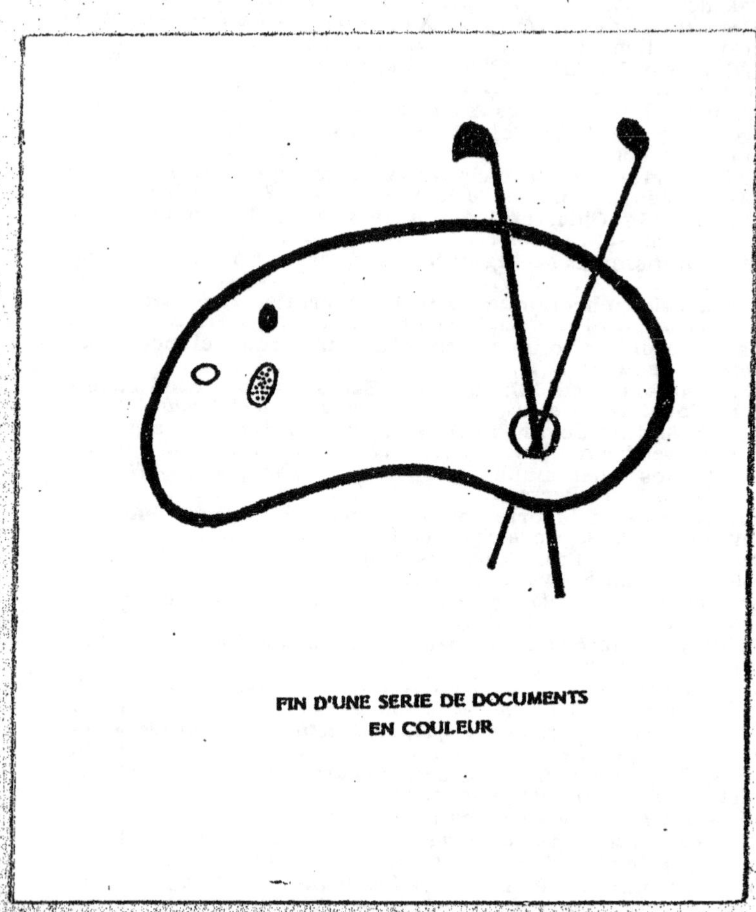
FIN D'UNE SERIE DE DOCUMENTS
EN COULEUR

NOS RAISONS

DE

N'ÊTRE PAS PROTESTANTS

NOS RAISONS

DE

N'ÊTRE· PAS PROTESTANTS

PAR

le R. P. LODIEL, S. J.

Professeur de Philosophie

PARIS

LIBRAIRIE BLOUD & Cie

4, RUE MADAME ET RUE DE RENNES, 59

1904

Sur le témoignage favorable des examinateurs, nous permettons l'impression de l'ouvrage de M. l'Abbé Lodiel : *Nos raisons de n'être pas protestants*.

Paris, 5 janvier 1904.

G. LEFEBVRE,
vic. gén.

NOS RAISONS

DE

N'ÈTRE PAS PROTESTANTS

INTRODUCTION

NOTRE BUT

Depuis quelques années, le protestantisme s'agite en France, et ne rêve rien moins que la destruction du catholicisme dans notre patrie. Pour arriver à ce but, il multiplie ses écoles, ses temples, ses institutions de tout genre.

Ses agents inondent les campagnes et les villes de leurs journaux et de leurs brochures. En 1856, une société protestante, dite *des traités religieux*, édita un million vingt-huit mille brochures ; en 1857, un million cinq cent mille. Une autre société siégeant à Toulouse se vantait, vers la même époque, d'avoir répandu plus de vingt-deux millions de livres et d'écrits divers depuis sa fondation. (Mgr de Ségur, *Causeries sur le protestantisme*, p. 40 et 167.)

Nous avons sous les yeux plusieurs de ces brochures et de ces *tracts* par lesquels les apôtres du protestantisme cherchent à séduire les catholiques :

Que disent-ils pour les gagner à leur cause ? Ils se posent, non comme les partisans d'une religion nouvelle, mais d'un simple retour au Christianisme primitif.

A les entendre, ils ne sont pas une Eglise de création récente, mais seulement une réforme de l'Eglise catholique, tombée, d'après eux, dans l'erreur et la corruption. Ils affectent un grand respect pour la Bible, et proposent leur religion comme un retour au pur Evangile, leur société comme la véritable Eglise de Jésus-Christ.

Pour apprécier la valeur de ces prétentions, nous avons étudié l'histoire de la Réforme protestante, ses doctrines, ses institutions et ses actes ; nous les avons comparés avec les données de cette Ecriture qu'ils invoquent sans cesse ; et après un long et mûr examen, nous disons avec assurance à ces nouveaux apôtres :

Non ! vous n'êtes pas l'Église fondée par Jésus-Christ. Vous êtes venus quinze siècles trop tard, vous êtes l'œuvre de Luther, de Calvin et de quelques autres novateurs.

Non ! vous n'êtes point la société des fidèles voulue par Jésus-Christ, car vous ne réalisez nullement les promesses de Jésus-Christ à son Eglise ; vous ne présentez point les caractères que cette Eglise doit avoir, d'après les paroles du Seigneur et des Apôtres.

Vous n'êtes pas même une église, c'est-à-dire, une société religieuse unie dans un même culte, une même croyance, car vous êtes divisés en mille sectes diverses, et vous n'avez aucun principe d'union sociale.

Votre religion n'est point une doctrine, car, malgré votre respect pour la Bible, vous ne vous entendez entre vous sur aucun dogme chrétien, ni sur la Trinité, ni sur l'Incarnation, ni sur la divinité de Jésus-Christ, ni sur l'efficacité des sacrements, ni sur les conditions de la justice et du salut, ni même sur l'inspiration ou sur la vérité absolue de la Bible, votre seule règle de foi.

En vertu de votre libre examen, chacun de vous croit ce qu'il veut, agit comme il lui plaît, et se jette à son gré dans tous les écarts de la libre pensée.

Et votre doctrine morale, quelle est-elle ? Comme chacun de vous juge de tout à sa guise, il est difficile de le savoir ; mais, si nous consultons l'histoire et les écrits des premiers réformateurs, il faut l'avouer, la morale qu'ils ont prêchée ressemble fort à l'immoralité.

Et, en effet, le grand principe proclamé par Luther, c'est la justification par la foi sans les œuvres ; d'après lui, l'accomplissement de la loi morale n'est pas nécessaire au salut : croyez seulement aux mérites du Christ et vous êtes justifié ! — (Nous prouverons ces assertions par les écrits de Luther.)

Mais si les bonnes œuvres sont inutiles, si les préceptes moraux n'obligent pas le chrétien, le plus grand pécheur peut être justifié sans changer de conduite : n'est-ce pas la destruction, la négation de toute morale ?

Et cependant cette doctrine fut commune parmi les premiers réformateurs ; elle est toujours restée chère à une foule de leurs adeptes, et nous la retrouvons

en des brochures que l'on répand pour séduire le
peuple.

Aux prédicants de cet Evangile, nous disons : Non,
vous n'avez point une doctrine morale conforme au
sens chrétien, pas même une morale qui satisfasse la
raison et la plus vulgaire honnêteté. Votre religion
n'est point une vraie réforme, mais plutôt la corruption de la morale évangélique, nous le prouverons
plus loin.

Non ! vous n'êtes point un retour au christianisme
primitif : par leur croyance et leur conduite, les premiers chrétiens différaient totalement de vos réformateurs.

Vous n'êtes point un retour au pur évangile : nous
montrerons dans l'Evangile même la condamnation
des principes posés par Luther, Calvin et la plupart
de leurs sectateurs.

Voilà pourquoi nous ne voulons pas être protestants.

CHAPITRE PREMIER

Les prédicants qui font des conférences en faveur du protestantisme et les libellistes qui, dans ce but, répandent partout leurs brochures, affectent un grand respect pour la Bible ; c'est là, disent-ils, et là seulement qu'il faut chercher la religion du Christ.

Eh bien ! Examinons pendant quelques instants ce que l'Evangile et la Bible disent de l'Eglise et de son autorité ; nous verrons ensuite où se trouve réalisé le plan divin.

D'abord, il est bien clair, d'après le texte sacré même, que Jésus-Christ a voulu fonder une Eglise, c'est-à-dire une véritable société gouvernée par les apôtres, et ensuite par des pasteurs héritiers de leur pouvoir. Souvent il en parle ; il dit à Pierre : « Sur cette pierre je bâtirai mon Eglise, et les portes de l'enfer ne prévaudront point contre elle. » (S. Matth., xvi, 18.)

Dans les différends qui pourront s'élever entre ses disciples, il veut qu'on s'en réfère à cette autorité : « Si quelqu'un refuse d'écouter l'Eglise, dit-il, qu'il soit à vos yeux comme un païen et un publicain. » (S. Matth., xviii, 17.)

Au gouvernement de cette société Jésus-Christ prépare des apôtres et des pasteurs, et lorsqu'il va quitter le monde, il leur donne la mission d'enseigner :

« Allez, instruisez toutes les nations, apprenez-leur à observer tout ce que je vous ai commandé. » (S. Matth., XXVIII, 20.) — Et c'est avec autorité qu'ils doivent annoncer sa doct ine, car il dit : « Prêchez l'Evangile à toute créatu . celui qui ne croira pas sera condamné. » (S. arc, XVI, 16.)

Il leur donne aussi le pouvoir de régir les fidèles, et leurs ordres seront sanctionnés par Dieu : « Tout ce que vous lierez sur la terre sera lié dans le ciel. » (S. Matth., XVIII, 18.)

On devra leur obéir comme à Jésus-Christ lui-même, car, dit le Seigneur, « qui vous écoute m'écoute, qui vous méprise me méprise. » (S. Luc, X, 16.)

Saint Luc dans son livre : *Les Actes des Apôtres*, et saint Paul dans ses épîtres nous montrent qu'en effet, la société des fidèles fut ainsi gouvernée dès l'origine. Les apôtres, comme le disent les *Actes*, prêchent, baptisent, établissent des diacres, et des évêques ou des prêtres ; dans ses lettres, saint Paul donne des ordres, prononce des jugements ; il excommunie l'incestueux de Corinthe (I ad Cor., v) et se montre prêt à punir toute désobéissance : *In promptu habentes ulcisci omnem inobedientiam.* (II Cor., x.)

Il dit aux Corinthiens (IIe, v, 20) : *Pro Christo legatione fungimur.* « Nous exerçons la charge de délégués du Christ ». *Sic nos existimet homo ut ministros Christi et dispensatores mysteriorum Dei.*

« Nous sommes les ministres du Christ, et les dispensateurs des mystères divins. » (I ad Cor., c. 4.)

Ce pouvoir doit se perpétuer dans l'Eglise, car Jésus-Christ veut que ses disciples enseignent toutes les nations et leur annoncent ses préceptes jusqu'à la fin des siècles (S. Matth., XXVIII, 20). Aussi, partout où ils fondent des communautés chrétiennes, les apôtres établissent des pasteurs ; et saint Paul leur dit : *Vos posuit Spiritus Sanctus episcopos regere Ecclesiam Dei.* « L'Esprit Saint vous a placés comme évêques pour gouverner l'Eglise de Dieu » (Actes, xx.) Il laisse en Crète saint Tite, un de ses disciples, et lui dit : « Je vous ai placé là pour corriger ce qui

est défectueux, et pour établir des prêtres dans chaque cité. » (Ad Titum, I, 5.)

A Timothée, un autre disciple ordonné par l'impo-
sition de ses mains, saint Paul donne le pouvoir de
juger les prêtres eux-mêmes, et il lui dit : « Ne recevez pas d'accusation contre un prêtre sinon sur la
parole de deux ou trois témoins. » (I ad Timoth.
v. 19.)

Voilà le pouvoir judiciaire de l'évêque, uni au
droit de régir l'Eglise de Dieu.

Ce droit s'étend plus encore : dès les premiers
temps de la prédication évangélique, une question
s'élève au sujet des rites de la loi Mosaïque : seront-
ils obligatoires pour les chrétiens convertis de la
gentilité ? Question pleine de conséquences, car la loi
de Moyse était chargée de prescriptions onéreuses.
Saint Pierre et les apôtres se réunissent à Jérusalem
avec ceux qu'ils ont associés au gouvernement de
l'Eglise ; ils délibèrent, et enfin le Concile porte un
décret qui est à la fois une décision doctrinale et un
acte législatif ; il déclare que les Gentils devenus
chrétiens ne sont point tenus aux rites prescrits par
Moyse, et cependant il leur impose l'obligation de
s'abstenir du sang et de la chair des animaux suffo-
qués. (Actes, xv, 29.)

Ensuite, les apôtres envoient Paul et Barnabé porter
ce décret aux différentes communautés chrétiennes.
Les pasteurs de l'Eglise primitive exerçaient donc un
pouvoir doctrinal et l'autorité législative qui caracté-
rise une société parfaite. Les fidèles ne formaient pas
seulement des groupes isolés, indépendants, mais
toutes les églises particulières déjà répandues en Pa-
lestine, en Syrie, et dans l'Asie mineure, étaient unies
entre elles, et soumises à des lois communes. Elles
constituaient donc une société unique, hiérarchique
et ordonnée.

Nous pouvons encore, à l'aide de l'Ecriture, aller
plus loin, et montrer quels doivent être les caractères
de cette Eglise d'après la volonté de Jésus-Christ.

D'abord, elle doit être universelle, car Jésus a dit
à ses apôtres : « Allez, enseignez toutes les nations...

annoncez l'évangile à toute créature ». (Marc, xvi, 15.)
« Vous serez mes témoins en Judée, en Samarie, et jusqu'aux extrémités de la terre. » (Actes, i, 8.)

Elle doit être le royaume du Christ, du Messie, ce royaume de Dieu dont Jésus-Christ parle sans cesse dans l'Evangile ; or, tous les prophètes, Isaïe et Daniel surtout, avaient prédit que le royaume du Messie s'étendrait sur toute la terre :

« Je t'ai choisi, dit le Seigneur à ce futur Messie, pour que tu sois le salut des peuples jusqu'aux extrémités de la terre, » *(ut sis salus mea usque ad extremum terræ* (Isaïe, 49, 6) — et Daniel dit de lui; « Tous les peuples, toutes les tribus, toutes les langues le serviront. » (Daniel, vii, 14.)

David aussi, dans les psaumes, a plusieurs fois annoncé ce règne messianique universel. « Demande-moi, dit-il à ce futur libérateur, et je te donnerai les nations en héritage, et ta possession s'étendra jusqu'aux limites de la terre. » (Ps. 2.)

Plus clairement encore, au psaume 71e, David annonce cette universalité du royaume réservé au Sauveur : « Tous les rois, toutes les nations le serviront, et toutes seront bénies en lui ».

Et cependant ce royaume universel devra présenter la plus grande unité ; car Jésus-Christ a dit qu'un empire divisé sera bientôt détruit : *Omne regnum in se divisum desolabitur.* (Matt., xii. 25.) Il veut que ses disciples soient unis entre eux, et la veille de sa mort, il prie avec instance pour que tous ses fidèles conservent cette parfaite unité : *ut omnes unum sint, sicut tu, Pater, in me et ego in te, ut et ipsi in nobis unum sint... ut sint consummati in unum.* (Saint Jean, xvii, 21, 25.)

Il veut que tous forment un seul troupeau sous un seul pasteur (Joan., x, 16), *et erit unum ovile et unus pastor.* — Et pour assurer cette union, il leur donne un pasteur visible dans la personne de saint Pierre, à qui il dit : Sois le pasteur de mes agneaux, sois le pasteur de mes brebis. (Saint Jean, xxi, 17.)

Saint Paul enseigne aussi et rappelle plusieurs fois avec insistance l'union qui doit exister entre tous les chrétiens :

Union des esprits dans une même foi : *unus Domi-nus, una fides* (*ad Ephes.*, IV, 5) ; et il le faut bien, car la vérité doit être toujours et partout la même.

Union des volontés et des cœurs, car, dit saint Paul, tous les fidèles forment un seul corps dont tous les membres étroitement unis se rendent de mutuels services : Voyez le ch. XII de l'épître aux Romains, et aussi le XIIe de la Ire épître aux Corinthiens ; il n'est rien sur quoi l'apôtre insiste plus que sur la nécessité de cette union. — Pour l'assurer, Dieu a donné à l'Eglise des pasteurs et des docteurs, « pour que nous ne soyons pas emportés par tout vent de doctrine, *ut non simus fluctuantes omni vento doctrinæ* ». (*Ad Ephes.* IV, 14.)

Institution fort inutile à cet effet, si les docteurs et pasteurs de l'Eglise n'avaient pas une autorité suffisante pour unir et conserver tous les fidèles dans une même foi, et une même soumission.

Tels sont donc les deux premiers caractères que doit présenter l'Eglise de Jésus-Christ : elle doit être une et universelle, garder l'unité de foi et d'obéissance dans l'universalité.

De plus, son empire doit être perpétuel : c'est le royaume du Messie, et les prophètes ont annoncé que ce royaume ne sera jamais détruit : *Regnum quod in æternum non dissipabitur*, dit Daniel... *et ipsum stabit in æternum* (ch. II, 44).

Jésus-Christ lui-même assure à son Eglise une durée éternelle, car il dit à Pierre : « Les portes, les puissances de l'enfer ne prévaudront point contre elle. (Saint Matt., XVI., 18.)

Et quand il envoie ses apôtres enseigner toutes les nations, il ajoute : « Voilà que je suis avec vous jusqu'à la consommation des siècles ». (Matth. XXVIII, 20.)

Voilà donc, d'après l'Evangile et la Bible que nous présentent les protestants eux-mêmes, les caractères de la société fondée par Jésus-Christ : elle doit être universelle dans le temps et dans l'espace, s'étendre par toute la terre et durer jusqu'à la fin des temps.

Et pourtant, elle doit toujours être une dans l'uni-

versalité, une dans sa foi, et dans la profession d'une
même doctrine, une dans son organisation sociale,
comme un seul royaume, comme un seul corps sous
un seul chef, comme un seul troupeau sous un seul
pasteur.

Notes distinctives de la véritable Eglise.

Ce sont là aussi des marques auxquelles on peut
reconnaître l'Eglise véritable, car si la société fondée
par Jésus-Christ doit être toujours une, toujours
universelle, quels signes plus éclatants de sa vérité
peut-elle présenter ? Aussi les Saints Pères et les chrétiens des premiers siècles regardaient cette unité dans
l'universalité comme le caractère distinctif de la véritable Eglise, et, pour cette raison, ils l'appelaient *Catholique*, c'est-à-dire, universelle.

Saint Cyrille, évêque de Jérusalem au ive siècle,
disait aux néophytes pour les prémunir contre toute
déception : « Lorsque vous arriverez dans une ville,
ne demandez pas seulement où est l'église chrétienne,
car lés hérétiques appellent ainsi leurs temples ; mais
dites : Où est l'Eglise Catholique, car c'est là son
nom propre et distinctif. » (Catéchèse 18e, no 26.)

Saint Epiphane, saint Pacien, deux savants évêques
de cette époque, donnaient la même règle de conduite aux fidèles ; et saint Augustin écrivait dans une
lettre célèbre : « Parmi les motifs qui me retiennent
dans l'Eglise, je compte le nom même de catholique,
qu'elle a seule et toujours conservé, si bien que les
hérétiques n'osent indiquer leur lieu de réunion
quand on leur demande où s'assemblent les Catholiques (*Contra epistolam fundamenti*). »

Ce même saint docteur, pour confondre les sec-
taires Donatistes, leur rappelle les nombreuses prophéties qui annoncent à l'Eglise du Christ une ex-
tension universelle, puis il leur demande : « Est-ce
votre secte née hier, confinée dans un coin de

l'Afrique qui réalise ces magnifiques promesses ?
Etes-vous répandus par toute la terre et jusqu'aux
extrémités du monde, comme l'ont prédit David et
Isaïe ? Pouvez-vous dire qu'en vous toutes les nations
sont bénies ? » — Et en même temps, le grand Docteur
insiste sur l'unité parfaite qui doit régner entre les
membres de cette immense société. (Saint Augustin,
de Unitate Ecclesiæ.)

Deux siècles avant lui, saint Cyprien avait aussi
écrit un traité sur l'*Unité de l'Eglise*, et il montre
cette unité réalisée dans l'Eglise Catholique, répandue
par toute la terre. Il dit et redit que celui-là ne peut
avoir Dieu pour père qui ne veut pas avoir l'Eglise
pour mère, que le membre séparé du corps de
l'Eglise ne peut avoir la vie de la grâce. Comme saint
Augustin, il rappelle la nécessité d'une union de foi,
d'obéissance et de volonté avec la société fondée par
Jésus-Christ.

L'unité dans l'universalité, l'apostolicité manifestée
par la succession continue des évêques à partir des
apôtres, telles étaient les notes distinctives de l'Eglise
d'après les premiers chrétiens, de sorte que dans leur
symbole ils disaient tous : « Je crois l'Eglise une,
sainte, catholique, apostolique » ; et, ce qui est bien
remarquable, toutes les Eglises d'Orient, les Grecs,
les Russes, conservent cette profession de foi.

Ces notes distinctives se trouvent-elles chez les protestants ?

Maintenant, nous vous le demandons, à vous protestants qui nous invitez à vous suivre, êtes-vous
cette société du Christ ? Dans votre ensemble, présen-
tez-vous les caractères que doit avoir l'Eglise d'après
l'Évangile ? Réalisez-vous les promesses des Prophètes, et celles du Sauveur lui-même ?

Un coup d'œil sur votre état et sur votre histoire
nous permettra d'en juger.

On le sait, le premier apôtre du protestantisme est

Martin Luther, né en 1483, entré dans l'Ordre des Augustins à l'âge de 23 ans.

En 1517, il affiche ses thèses contre les Indulgences. Condamné par Léon X en 1520, il se révolte ouvertement contre le Pape qu'il traite d'Antechrist, il rejette l'autorité des Conciles et de l'Eglise pour n'admettre que l'Ecriture entendue à sa façon.

Suivant son exemple, une foule de novateurs formèrent des Eglises séparées : outre les Luthériens rigides, il y eut des Luthériens mitigés, des Sacramentaires, des Anabaptistes, des disciples de Zwingle et de Calvin, etc., etc. Et, depuis trois siècles, ces divisions ont sans cesse augmenté.

En Allemagne, il y a quarante ans, Döllinger comptait trente-huit sectes différentes.

Après la guerre de 1870, on voulut réunir les protestants des sujets du nouvel Empire dans une même société religieuse, mais ce fut en vain, ils restèrent profondément divisés, même sur les dogmes les plus importants, comme nous le montrerons plus loin. En Angleterre, vers 1530, Henri VIII se révolte contre le Pape qui refusait de rompre son premier mariage et de ratifier son union avec Anne de Boleyn ; il se déclare chef suprême de l'Eglise en son royaume, et va jusqu'à condamner à mort Thomas Morus, et J. Fischer qui ne veulent pas reconnaître sa suprématie.

Sa digne fille Elisabeth revendique le même droit de gouverner l'Eglise d'Angleterre, et cette audacieuse papesse fit mourir une foule de religieux et de prêtres fidèles à la croyance catholique.

Telle est l'origine de l'Eglise Anglicane, si fière de son éclat et de sa richesse ; mais il faut noter que sa puissance ne s'étend pas sur tout l'empire britannique ; l'Irlande en majorité est catholique, l'Ecosse est presbytérienne, et rejette les évêques anglicans ; les colonies anglaises professent d'autres religions. En Angleterre même, outre l'église officielle, il se trouve une multitude de sectes qui se partagent près de la moitié de la population. En 1878, le *Catholic Belief* en comptait plus de 150, enregistrées par l'Etat ; c'est le plus singulier ramas de croyances ; on le devine à leurs noms : Luthé.iens, Calvinistes, Baptistes, Apostoliques, chrétiens croyants, libres chrétiens, Wesleyens-méthodistes. Eglise du progrès, nouvelle Jérusalem, Religion récréative, Unitaires, etc. etc.

Aux Etats-Unis, où depuis un siècle se rendent les émigrants des divers Etats de l'Europe, nous retrouvons les églises et les sectes nées dans la mère-patrie, et chaque jour en voit surgir encore d'autres sur cette terre de la liberté. — En 1871, le *Catholic World* en comptait 51, mais ce nombre est très incomplet : d'autres documents assurent qu'elles sont plus de 250. (P. Fontaine, p. 364, *Infiltrations kantiennes et protestantes.*)

La plupart de ces sectes ont peu d'adeptes, et celles qui semblent plus considérables ne le sont qu'en apparence, car elles sont composées de congrégations indépendantes les unes des autres, comme on le voit chez les Baptistes, les Wesleyens et les épiscopaliens.

Ainsi, le protestantisme s'est divisé depuis son origine en mille sectes diverses, et toujours il va se dissolvant de plus en plus. Ce n'est point là un fait accidentel dû à des circonstances anormales, non ! c'est en vertu même de son principe fondamental. A l'exemple de Luther, de Calvin, et des autres premiers novateurs, il nie toute autorité extérieure établie par Dieu pour gouverner les fidèles; il n'a donc aucun principe d'unité sociale, il va logiquement à l'émiettement le plus complet et le plus radical.

Eh bien, en présence de ces faits que l'histoire atteste, et que reconnaissent les protestants eux-mêmes, nous le demandons aux prédicants qui nous invitent à les joindre: Etes-vous l'Eglise véritable ?[Présentez-vous les caractères qu'elle doit avoir d'après les paroles mêmes du Sauveur ? Non, vous n'êtes point la société fondée par Jésus-Christ. Votre Eglise n'est point son œuvre, mais celle de Luther, de Calvin ou de quelqu'autre novateur. Avant eux, et pendant les quinze siècles qui les précédèrent, il n'y avait point de protestants, et les Eglises même séparées de

2

Rome professaient une croyance absolument diffé-
rente de la vôtre.

Direz-vous, pour justifier votre révolte contre
l'Eglise catholique, qu'elle était tombée dans l'erreur
et la corruption ? Comment pouvez-vous admettre
cette dépravation de la société chrétienne ! Ne lisez-
vous pas dans l'Evangile que Jésus-Christ a promis à
son Eglise une assistance perpétuelle ? « Voici que je
suis avec vous jusqu'à la consommation des siècles »,
dit Notre-Seigneur à ses apôtres en leur donnant sa
suprême mission ; — et il avait dit à Pierre : « Sur toi
je bâtirai mon Eglise, et les portes, les puissances de
l'enfer ne prévaudront point contre elle ». Evidemment, les puissances infernales auraient prévalu contre
l'Eglise, si, pendant plus de dix siècles, elle était tombée tout entière dans l'erreur et la corruption, même
dans ses lois et sa croyance universelle.

Saint Paul appelle l'Eglise la colonne et le fonde-
ment, le ferme soutien de la vérité : *columna et fir-
mamentum veritatis.*

Comment a-t-elle pu, comme vous le dites, devenir
la maîtresse de l'erreur ? Saint Paul nous dit encore
que l'Eglise est l'épouse du Christ, son corps mys-
tique, que Jésus-Christ l'a aimée jusqu'à se livrer
pour elle à la mort ; comment a-t-elle pu devenir la
synagogue de Satan ?

Mais, sans nous arrêter à cet avortement de l'œuvre
divine, nous devons ajouter : Même après la réforme
introduite par vos fondateurs, vous, protestants, vous
n'êtes pas l'Eglise véritable, car vous n'avez pas les
caractères voulus par Jésus-Christ et promis à la société qu'il a fondée.

Nous l'avons montré par les paroles de l'Evangile,
l'Eglise du Christ doit être une dans sa foi : *Unus
Dominus, una fides !* — Et il le faut, car la vraie foi,
comme la vérité, est toujours et partout la même. Or,
vous protestants, vous n'avez point l'unité de foi,
vous ne vous entendez sur rien, et il n'est pas un
dogme révélé qui ne soit rejeté par quelque secte
aussi protestante que la vôtre.

L'Eglise du Christ doit être *une* comme société,

puisque, d'après Notre-Seigneur lui-même, elle doit être une cité, un royaume, un seul troupeau sous un seul pasteur ; — d'après les enseignements répétés de saint Paul, elle doit être un seul corps dont tous les membres soient étroitement unis ; — et vous, protestants, depuis trois siècles, vous n'offrez au monde entier que des sectes séparées les unes des autres, ou des congrégations que ne réunit aucun lien social.

Jésus-Christ a voulu une Eglise universelle, il a envoyé ses apôtres à toutes les nations, et cent fois les prophètes ont annoncé l'universalité de son règne ; — et chacune de vos sectes est réduite à un petit nombre d'adeptes, ou confinée dans les limites de quelque royaume.

L'Eglise de Jésus-Christ, pour réaliser les prophéties et les promesses du Sauveur, doit être perpétuelle, et vous, protestants, vous ne datez que de trois à quatre siècles, vous prétendez que pendant dix siècles la véritable Eglise n'a pas existé.

Enfin, l'Eglise véritable doit professer toujours la même doctrine, car la vérité ne change pas, et vous, protestants, vous n'avez cessé de varier dans vos croyances ; Bossuet, déjà le prouvait dans son *Histoire des Variations*, en s'appuyant sur vos diverses professions de foi ; et, depuis Bossuet, ces variations sont encore plus nombreuses et plus profondes.

Impossible, donc, de reconnaître l'Eglise de Jésus-Christ dans l'amas de vos sectes ; vous n'avez aucun des caractères que cette société doit présenter d'après les paroles et les promesses du Sauveur. Que dis-je ? *vous n'êtes pas même une Eglise au sens propre du mot !* D'après le langage scripturaire, et au sens reçu par tous les chrétiens, une Eglise est une société de fidèles qui croient et professent la même doctrine religieuse, ont un même culte, et sont dirigés par une autorité commune ; sans ce lien social, vous n'avez qu'un agrégat d'individus, une multitude, non pas une véritable société.

Eh bien, vous, protestants, vous n'avez point un tel

principe d'union, vous ne reconnaissez en ce monde aucune autorité commune qui ait le pouvoir de vous unir et de vous diriger.

Vous n'avez donc pas le droit de vous dire une Eglise. Demandez-vous, après cela, si vous êtes vraiment des membres du Christ, les sujets de son Royaume, si vous faites partie de cet unique bercail auquel il a promis le salut et la vie. Examinons cependant une théorie inventée par les novateurs pour justifier la nouveauté de leur réforme.

Mais l'Eglise invisible !

Parmi les questions les plus embarrassantes pour Luther et ses disciples était sans doute celle-ci : « Vous dites que pendant dix siècles et plus l'Eglise catholique est tombée dans l'erreur, et qu'elle est devenue la synagogue de satan, où donc était la véritable Eglise pendant les siècles qui vous ont précédés ? Elle n'était pas à Rome, selon vous, — elle n'était pas en Orient non plus, car les Grecs professent presque tous les dogmes que vous rejetez ; où donc était la société à laquelle Jésus Christ a fait de si magnifiques promesses ?

Pour échapper à cette difficulté, plusieurs disciples de Luther eurent recours à l'idée d'une Eglise invisible : c'est la société des justes et des saints, dirent-ils, Dieu seul la connaît ; sur la terre elle n'est pas visible !

Merveilleuse invention ! mais voyez les singulières conséquences de cette théorie :

Notre-Seigneur veut que dans nos différends nous écoutions les décisions de l'Eglise : (*si Ecclesiam non audierit, sit tibi sicut ethnicus et publicanus !* (Matth., XVIII, 17). Mais comment pouvons-nous connaître ses décisions, si, pour nous, elle est invisible ?

Jésus-Christ a donné à ses apôtres le pouvoir d'enseigner (*Euntes docete omnes gentes*), il leur a donné le pouvoir de lier et de délier, d'imposer des lois qui obligent les chrétiens, et les pasteurs qui succèdent aux apôtres ont le droit de régir les fidèles : *Vos posuit Spiritus Sanctus episcopos regere Ecclesiam Dei* (Actes, xx.)

Mais si l'Église véritable est invisible, comment puis-je savoir quels sont les vrais pasteurs, ceux qui ont vraiment le pouvoir de m'instruire et de me diriger dans la voie du salut ? comment puis-je les distinguer des ministres de l'erreur ?

Ce n'est pas tout : outre le droit d'enseigner et de régir, Notre-Seigneur a donné à ses apôtres et à leurs successeurs le pouvoir d'administrer les sacrements, car saint Paul dit aux fidèles : *Sic nos existimet homo ut ministros Christi, et dispensatores mysteriorum Dei.* (I ad Corint., c. iv.) « On doit nous regarder comme les ministres du Christ, et les dispensateurs des mystères divins. »

Mais, encore une fois, si l'Église est invisible, où trouver ces ministres du Christ, qui ont vraiment le pouvoir de dispenser ses mystères ? — Si par hasard il y en a quelque part, voyez leur singulière position :

Ces pasteurs pleins de zèle, je suppose, voudraient connaître leur troupeau, lui conférer les dons de Dieu, mais où trouver ce troupeau, puisqu'il ne peut être vu ? — Et les fidèles qui voudraient obéir aux ministres de Jésus-Christ, leur demander la dispensation de ses dons, où les trouveront-ils ? Comment pourraient-ils les distinguer des ministres sans pouvoir et sans mission ?

Et nous voilà en présence d'une Église où les pasteurs cherchent en vain leurs brebis, et les brebis cherchent aussi vainement leurs pasteurs ! Singulier royaume, dont les sujets et les guides se cherchent les uns les autres sans pouvoir se reconnaître ! Expliquez-nous après cela comment Notre-Seigneur a pu dire de son Eglise : « Elle est une cité placée sur la montagne, et ne peut rester cachée ». (S. Math., v.) *Non potest abscondi civitas supra montem posita.*

Comment il a pu dire à ses apôtres : « Vous êtes la

lumière du monde ; on ne place point la lumière sous le boisseau, mais sur le chandelier, pour qu'elle puisse éclairer tous ceux qui sont dans la maison. »

Vraiment, la théorie de l'Eglise purement invisible est un non-sens et la négation de la doctrine évangélique sur la société voulue par Jésus-Christ.

Les protestants ne peuvent donc échapper ainsi à la question que nous leur posons toujours :

« Où était la véritable Eglise pendant les dix siècles qui vous ont précédés ? Si elle existait, vous n'êtes que des révoltés ; si elle n'existait plus, que sont devenues les promesses de Jésus-Christ ?

CHAPITRE II

Nous l'avons montré, au point de vue organique, le protestantisme n'est pas une société véritable : ne reconnaissant sur la terre aucune autorité commune à tous ses adeptes, en vertu même de ses principes, il tend à l'individualisme le plus complet.

Si maintenant nous pénétrons dans sa pensée et sa croyance, a-t-il vraiment une doctrine ?

Professe-t-il un ensemble de vérités qui constitue une religion spéciale et déterminée ?

Eh bien non ! Les protestants ne s'entendent pas entre eux sur les dogmes révélés, pas même sur les vérités les plus importantes du christianisme.

Jusqu'au XVIᵉ siècle, tous les chrétiens, les Grecs comme les Latins, reconnaissaient l'Eglise de Jésus-Christ sur la terre comme infaillible ; ils croyaient qu'elle a reçu de Jésus-Christ le pouvoir d'instruire les hommes et de les diriger dans la voie du salut ; Luther nia cette doctrine fondamentale, et rejeta l'autorité de l'Eglise et des Conciles ; il n'admit plus que la Bible interprétée à sa façon. Il aurait voulu imposer à tous sa manière d'entendre l'Ecriture, mais le principe était posé, toute autorité rejetée : en vertu de ce libre examen qu'il revendiquait pour lui, d'autres novateurs se formèrent de nouvelles doctrines, et, à côté des Luthériens, il y eut des sacramentaires, des Anabaptistes, et bientôt après, des Zwingliens, des Calvinistes, des Sociniens, etc., etc.

L'autorité de la Bible chez les protestants.

Pour trouver quelque unité parmi les partisans de
toutes ces dénominations diverses, dira-t-on que tous
s'accordent à reconnaître la Bible comme règle de
foi ? Plusieurs le prétendent, mais en réalité, même
sur ce point ils ne sont nullement d'accord.

Les uns admettent tels livres comme canoniques,
les autres les rejettent ; selon les uns, les livres saints
sont la pure parole de Dieu, une foule d'autres maintenant disent que dans la Bible il y a des erreurs.

Vous-mêmes, protestants instruits, comment savez-
vous que les Évangiles sont des livres divins ? Vous
n'admettez que les vérités contenues dans l'Ecriture,
mais nulle part l'Ecriture ne dit que les Evangiles sont
inspirés. — Ils sont l'œuvre des apôtres, direz-vous,
donc il faut les croire ! D'abord, ni saint Marc, ni
saint Luc ne furent des apôtres, ils n'offrent donc
point ce gage d'inspiration. Mais les apôtres eux-
mêmes, étaient-ils guidés par le Saint-Esprit en tout
ce qu'ils écrivaient ? — Non, l'inspiration des livres
du Nouveau Testament ne peut se prouver que par
l'autorité de l'Eglise et de la Tradition, et vous, protestants, vous rejetez cette autorité. Vous avez donc
ruiné, détruit la seule base sur laquelle repose votre
propre règle de foi.

Voilà ce que comprennent maintenant les protestants qui réfléchissent, aussi ne voient-ils plus dans la
Bible qu'une parole humaine où l'erreur peut se mê-
ler à la vérité.

Divisions doctrinales des protestants.

Mais supposons que ces écrits soient à vos yeux divinement inspirés, suffisent-ils pour produire l'unité
de foi, et pour apprendre à tous ce qu'ils doivent
croire ? Pour en juger, voyons les faits, et le résultat
de trois siècles d'expérience.

Il faut croire la Bible, dites-vous ? — Oui, mais la Bible interprétée par chacun d'après son libre examen. Que s'en suit il, et qu'est-il advenu ? C'est que dans la Bible on a découvert les doctrines les plus diverses et les plus contradictoires.

Vous qui m'écoutez, vous trouvez dans l'Evangile le dogme de la Trinité ; d'autres, comme les Sociniens, les Unitaires, ne voient dans le texte évangélique que trois différentes dénominations.

Vous croyez que la divinité de Jésus-Christ est enseignée par saint Paul et les Evangélistes : une foule de protestants aujourd'hui ne voient en Jésus qu'un fils de Dieu, mais un fils adoptif. Il y a quelques années, un ardent défenseur du protestantisme, M. de Gasparin, avouait que sur sept cents ministres, cinq cents ne croyaient pas à la divinité de Jésus-Christ.

Quelques protestants croient encore avec Luther que Jésus-Christ est présent dans l'Eucharistie ; la plupart à la suite de Zwingle, de Calvin, des Sacramentaires, ne voient là qu'une figure rappelant la mémoire du Seigneur. Les paroles du Christ consacrant le pain et le vin : « Ceci est mon corps, ceci est mon sang », sont très simples, et pourtant, parmi les réformés on a compté plus deux cents manières de les entendre. Combien plus de divergences se produiront-elles au sujet des expressions mystérieuses ou métaphoriques si fréquentes dans l'Ecriture ? — Et, en effet, c'est ce qui est arrivé. En 1867, un ministre protestant distingué parmi les siens, M. Steeg, prononça ces paroles devant une assemblée où se trouvaient quatre-vingts ministres :

« Ce nom de protestant abrite bien des diversités... Sont-elles de minime importance ? Nullement, elles sont parfois très profondes. Quelle distance sépare l'Eglise anglicane, qui fait profession de croire au symbole d'Athanase, et les Eglises unitaires qui regardent la Trinité comme un blasphème ! — Le luthérien considère les sacrements comme les véhicules de la grâce divine, le calviniste n'y voit que des signes commémoratifs. Quelle profession de foi, quel catéchisme réunirait l'assentiment des baptistes, des méthodistes, des millénaires, des sectes fondées par Penn, Irving, Darby, Rapp, etc., sans parler des grandes Eglises officielles ? Si des Eglises nous passons aux individus qui les composent, les différences paraissent encore plus considérables. On peut affirmer hautement qu'il n'y a pas un seul point de doctrine admis par les uns qui ne soit rejeté par d'autres. ou soumis aux interprétations les plus opposées. Je ne parle pas seulement des points de détail, mais des dogmes mêmes qu'on appelle fondamentaux, de ceux qui définissent la personne et l'œuvre de Jésus-Christ, la nature du péché, l'autorité de la Bible. Les termes employés par tous le sont dans des sens différents ; rédemption, prière, grâce, Saint-Esprit, Eglise, conversion, salut. »

Aucun des assistants ne contredit ces affirmations. (Paroles citées par le P. de Groot, O. P. *Summa apologetica*, pars I, p. 163.) — Voyez après cela si les dissidences des protestants se réduisent à peu de chose, comme le disent les libelles destinés au peuple ; — jugez aussi par là si la Bible suffit comme règle de foi pour faire connaître sûrement à tous le sens de l'Ecriture, et la doctrine de Jésus-Christ.

Etat actuel des croyances religieuses chez les protestants.

Si nous parcourons les principales contrées protestantes, partout nous constatons ces divisions du protestantisme sur tous les points de la doctrine révélée.

En Allemagne.

Vers 1860, M. Eugène Rendu fut chargé par le gouvernement français d'aller en Allemagne étudier les méthodes suivies pour l'Instruction publique : « J'étais à Iéna dit-il, avant l'ouverture d'un synode qui devait réunir les pasteurs (protestants) des différents Etats d'Allemagne. — « S'occupera-t-on de questions dogmatiques et de doctrines ? » — demandai-je à un professeur célèbre de théologie à l'Université d'Iéna. — « Non ! répondit-il, on traitera de liturgie, de simples questions de forme ; sur le reste on ne peut s'entendre : dès qu'on se rencontre sur le terrain dogmatique, tout (accord) disparaît ! » (Mgr de Ségur, p. 292).

D'après M. Goyau (*L'Allemagne religieuse*, p. 167), sur dix-sept facultés de théologie où se forment les futurs pasteurs, trois ou quatre ont des maîtres unanimement croyants ; dans les treize autres, les écoles dites incroyantes sont maîtresses ou en train de le devenir (p. 167). — Ainsi, en Allemagne, l'inspiration littérale de la Bible n'est plus acceptée que par un petit nombre de théologiens protestants ; encore on leur reproche un état mental Jésuite ! (p. 113.)

Ajoutons à ces témoignages un fait significatif :

En 1900, le célèbre professeur Harnack fut chargé officiellement d'exposer aux étudiants de l'Université de Berlin les titres du christianisme à rester la religion du xxe siècle : Six cents jeunes gens de toutes les parties de l'empire allemand (près de mille selon d'autres témoins), suivirent ces conférences qui depuis ont été publiées avec un large succès. — Harnack y expose la *substance* du christianisme : que pense-t-il de la divinité de Jésus-Christ ? Loin de l'admettre, il prétend que Jésus-Christ ne l'a pas enseignée. — Aux yeux d'un grand nombre, la doctrine évangélique se réduit à un sentiment de confiance dans la bonté miséricordieuse de Dieu regardé comme notre père, et à l'espoir d'un royaume où règneront la justice et la charité, empire purement intérieur qui s'exercera dans l'âme de chaque chrétien.

Après cela que reste-t-il du dogme révélé ?

En Angleterre.

En *Angleterre,* la moitié de la population échappe la direction de l'Eglise établie, et s'est fractionnée n plus de cent cinquante sectes diverses.

L'Eglise officielle elle-même est profondément divisée : à côté des ritualistes qui empruntent au catholicisme une partie de son culte extérieur et plusieurs de ses dogmes, il y a les partisans de l'*Eglise Large*, et de l'*Eglise Basse*, qui se rapprochent singulièrement de la libre pensée.

Grâce à leur opulence, leurs évêques occupent une haute position, mais ils sont divisés de croyance et n'ont presque aucune autorité.

Ce n'est pas d'eux, mais du pouvoir civil, que dépendent les questions religieuses, et même les décisions dogmatiques.

En 1850, un ministre anglican du diocèse d'Exeter, Gorham, fut condamné par son évêque parce qu'il niait publiquement la vertu du Baptême, et ce jugement fut confirmé par l'archevêque de Kantorbéry, primat du royaume. Gorham en appela au tribunal de la Reine ; là, il obtint gain de cause, et fut maintenu dans ses fonctions.

En 1874, ce fut encore le pouvoir civil qui décida la question des pratiques religieuses introduites par les ritualistes; c'est donc d'une autorité civile, de juges souvent incroyants ou sceptiques, que dépend cette Eglise si fière de ses formes extérieures et de ses richesses.

Au fond, quelle est la doctrine sur laquelle s'entendent les Anglicans? Dans la Cène Eucharistique, les uns admettent la présence réelle, les autres la nient ; pour les uns, il existe un sacerdoce qui confère le pouvoir de consacrer l'Eucharistie, les autres rejettent tout caractère sacerdotal, et sur beaucoup d'autres dogmes l'accord n'existe pas.

Aux Etats-Unis.

Aux Etats-Unis, l'anarchie doctrinale des protestants est encore plus complète. Toutes les croyances, toutes les fantaisies religieuses s'y rencontrent, depuis les églises épiscopaliennes qui imitent l'anglicanisme, jusqu'au rationalisme, jusqu'à la secte des Mormons qui prêche et pratique la polygamie.

Dans une conférence à New-York en 1868, le
Dʳ Ever, de la confession épiscopalienne, disait :
« Le protestantisme s'en va, c'est un fait indéniable.
Combien peu fréquentent les églises ? Combien de-
viennent sceptiques, infidèles ? Que reste-t-il des anciennes croyances ? Tous les dogmes ont été successi-
vement rejetés. Les aïeux étaient calvinistes, presby-
tériens ; les pères devinrent congrégationalistes ; les
fils, unitaires ; les petits-fils sont parkéristes et infidèles. — Les rationalistes et les catholiques ont encore une raison d'être, les protestants n'en ont point ;
il leur manque (une base, un point d'appui) un *locus
standi*. »

En Suisse.

En Suisse, à Genève même, Calvin ne pourrait plus
reconnaître son œuvre ; il n'est peut-être pas un ministre à qui sa doctrine sur la prédestination, sur l'enfer, sur le serf-arbitre ne fasse hausser les épaules.
Depuis 1842, *la Vénérable Compagnie des pasteurs*
qui gouvernait l'Eglise de Genève, s'est fondue en un
Consistoire formé de vingt-cinq laïques et de six
pasteurs, tous élus par le suffrage universel : c'est
donc la démocratie qui est maîtresse. Aussi, quelle
licence de la pensée ! On y trouve toute espèce
de doctrines religieuses, dit le pasteur Coulin ;
M. Güder, pasteur à Berne, chargé de faire un compte
rendu sur l'état de la religion en Suisse, y distingue
trois partis : 1º celui des pasteurs évangéliques, qui
conservent la foi en Jésus-Christ, fils unique de Dieu,
rédempteur du péché ; — 2º celui des Réformistes,
qui rejettent tout surnaturel, et acceptent la conception *positiviste* moderne de l'univers ; 3º un tiers-
parti encore croyant et plus modéré. « Les réformistes et le tiers-parti, dit M. Güder, ont la faveur
du gouvernement ; les orthodoxes sont livrés *in odium
generis humani.* » On veut que les enfants de l'Eglise
aient la liberté de croire ce qui leur plaît ; et M. Güder dit que cette disposition à l'incrédulité est commune à la Suisse et aux autres pays protestants. (*Re-*

vue du monde Catholique, 1883, p. 537, 539 ; art. du P. de Bonniot.)

En France.

En France, le protestantisme compte sept à huit cents mille adhérents ; les deux tiers sont calvinistes, les autres sont luthériens, et suivent la Confession d'Ausgbourg. — Ce sont là de simples dénominations, car on est loin maintenant des doctrines de Luther et de Calvin. Il y a lieu plutôt de distinguer entre eux deux partis, l'un conservateur, l'autre libéral, qui tend au rationalisme : ce dernier gagne du terrain et s'inspire du criticisme allemand.

Rappelons seulement quelques faits.

En 1848, un synode se tint à Paris pour organiser les protestants français. La première question posée fut celle-ci : Faut-il substituer une nouvelle profession de foi aux anciennes que nous proclamons surannées ? — « Aux yeux du plus grand nombre des députés présents, disent les deux historiens du Synode, l'excellence d'une Eglise réformée est dans une indépendance absolue de tout ce qui ressemble à une foi positive quelconque... La Réforme n'a pas promulgué d'autre doctrine que l'abolition de la doctrine, et une Eglise qui professe un dogme quelconque est entachée de Catholicisme. » (Le synode réformé de 1848, par deux témoins, MM. de Pressensé et Pilatte). — (P. Nampon, *Etude sur la doctrine catholique*, t. I, p. 66, 67.)

En 1865, M. Rouland s'occupa aussi de la réorganisation des réformés français : il constata chez eux les mêmes divisions, et les mêmes négations radicales. Un des chefs de l'école libérale, M. Bost, niait le miracle, et la divinité de Jésus-Christ. « Quant à la Bible, elle cesse d'être pour nous une autorité dogmatique, nous ne courberons pas la tête devant toutes les sentences qu'elle renferme ; nous nous réservons de la juger, et de la juger toujours ! » (Citation de M. Bost, P. Nampon, *ibid.*, p. 14, 15.)

Depuis cette époque, les divisions du protestantisme français continuent, et, chez un grand nombre, la religion va se fondre dans un rationalisme sentimental. M. Auguste Sabatier, ancien doyen de la faculté protestante de Paris, a été l'un des interprètes les plus écoutés de cette religiosité nouvelle. Voici comment un de ses collègues rend compte de ses ouvrages : — « M. A. Sabatier répudiait toute notion de révélation positive et surnaturelle ; il rejetait aussi l'idée d'une chute primitive, enlevait tout caractère métaphysique à la notion de la divinité de Jésus-Christ, écartait la préexistence du Verbe ; il simplifiait outre mesure le drame de la rédemption, et contestait l'historicité de bien des récits de l'Ecriture. » (*Le professeur A. Sabatier*, par M. Francis Chaponière, p. 24.) (P. Fontaine, p. 148.)

L'état mental du protestantisme en France inspirait naguère ces réflexions à l'un de ses chefs les plus autorisés : « Ruine de toute vérité, faiblesse du fractionnement, dispersion des troupeaux, anarchie ecclésiastique,... socinianisme honteux de lui-même, rationalisme édulcoré, doctrine sans consistance, » voilà ce que M. Schérer contemplait avec douleur dans son Eglise réformée. « Cette Eglise, ajoutait-il, privée à la fois de son caractère social et de son caractère dogmatique, a véritablement cessé d'exister au rang des autres communautés religieuses ; son nom demeure, mais ne désigne plus qu'un cadavre, un fantôme, ou, si l'on veut, un souvenir et une espérance... Nos facultés de Théologie enseignent pêle-mêle l'orthodoxie et le rationalisme. Tel professeur peut sans contrôle et sans manquer à son engagement renverser la religion révélée par la critique, et la religion naturelle par la spéculation. Les pasteurs jouissent de la même latitude. Ils sont opposés les uns aux autres, et les Eglises, même consistoriales, ne le sont pas moins. Nous n'avons plus d'unité, plus de gouvernement religieux... Les pasteurs s'anathématisent à l'envi, et, faute d'une autorité dogmatique, l'incrédulité a envahi les trois quarts de nos chaires. » (Shérer, *De l'état actuel de l'Eglise réformée en France*, 1844). P. Nampon, p. 13.

Raison de ces divisions :
Evolution du principe protestant.

Après ce coup d'œil sur l'état présent du protestantisme, examinons un instant le principe dont l'histoire nous montre l'évolution logique depuis trois
siècles : c'est un publiciste protestant qui nous l'expo-
sera :

« Le protestantisme pur, vrai, dit-il, repose sur le
libre examen... Il ne prétendait d'abord que réformer
quelques abus de l'Eglise catholique, mais le principe
de souveraineté individuelle qui l'avait engendré le
poussa à se séparer de l'Eglise, puis à se diviser et à
se subdiviser à l'infini... Comme les (Réformés) ne
professaient pas tous les mêmes doctrines sur des
points essentiels, ils ont dû se partager en Luthériens,
Zwingliens, Calvinistes, Anabaptistes, Quakers, etc.,
etc., et se morceler ensuite sur des articles plus ou
moins insignifiants... En Angleterre et en Amérique,
la liberté religieuse n'a pas tardé à produire des
Eglises congrégationnelles, c'est-à-dire, des églises
isolées, des paroisses indépendantes les unes des
autres, églises dont les unes ont leur ministre, les
autres n'en ont point, parce que chaque fidèle y est
docteur, et animé du Saint-Esprit. Il n'est cependant
pas rare de voir ces congrégations se dissoudre, et
ce n'est qu'un progrès de plus, car c'est la loi du protestantisme, la destinée qui lui est réservée dans tous
les pays où la liberté religieuse lui permettra d'être
lui, c'est-à-dire, de secouer le joug de l'autorité. En
effet, comme dans le domaine des idées, le protestantisme repose sur la souveraineté individuelle, il doit
arriver à cette souveraineté dans la réalité. Comme
parmi les hommes qui examinent, il n'y en a pas
deux qui voient de la même manière en tous points,
— il n'y a pas deux convictions qui se ressemblent,
et l'on est inévitablement conduit à des églises indi-
viduelles : *tot capita, tot sensus! Autant de clochers
que de bonnets !* C'est la dernière conséquence lo-

gique, et le dernier terme du protestantisme, l'indivualisme ! C'est son triomphe autant que sa défaite ; c'est sa destinée : réduire l'Eglise en poudre et en atomes, la dissoudre, car l'individualisme est un dissolvant si actif, un agent tellement corrosif, qu'il finit par se dévorer lui-même, après avoir tout renversé, tout démoli, tout détruit. » (*Le nouvellist Vaudois*, n° 27 de l'année 1838, cité par le P. Perrone, II. *Du Protestantisme*, 218-222.)

Oui, c'est bien là le résultat logique, fatal du principe protestant ; mais c'est aussi la négation radicale de toute société religieuse professant la même foi, de toute Eglise ; et nous le demandons, à quiconque sait et croit l'Evangile : Est-ce là l'œuvre fondée par Jésus-Christ ? Est-ce l'Eglise que ses disciples ont formée et gouvernée ?

C'en est plutôt la profonde et complète destruction.

CHAPITRE III

LA DOCTRINE MORALE DES RÉFORMATEURS

Le protestantisme depuis son origine se pose comme une réforme ; c'est là sa prétention, sa raison d'être : d'après tous les historiens, Luther, Calvin et les autres novateurs du xvie siècle se séparèrent de l'Eglise Catholique à cause des abus et des erreurs qu'ils lui reprochaient ; leur but fut de rétablir le Christianisme dans sa pureté native : voilà ce que disent et répètent les auteurs des libelles protestants.

Voyons donc au point de vue de l'histoire et des faits ce qu'il faut penser de cette prétention ; nous pourrons ainsi juger de la réforme opérée par le protestantisme.

1° *Doctrine de Luther sur la justification.*

A travers toutes les fluctuations de son enseignement, Luther conserva toujours un dogme fondamental, sur lequel sa pensée fut constante : celui de la justification par la foi seule.

Selon la doctrine catholique, le pécheur qui veut rentrer en grâce avec Dieu doit non seulement avoir la foi, et croire à toutes les vérités révélées, mais il doit se repentir de ses fautes, prendre la ferme résolution de le s éviter, et d'observer les commandements divins.

D'après Luther, c'est tout autre chose : pour être justifié de tous les péchés, la foi suffit, non pas cette foi qui consiste à croire toute la révélation divine, mais à tenir pour certain que Jésus-Christ a pleinement satisfait pour nous ; par cette foi dans les mérites du Christ, tous les péchés sont pardonnés sans qu'aucune bonne œuvre soit nécessaire de notre part. Si nous avons cette confiance, la justice même du Christ nous est imputée ; comme un manteau, elle couvre toutes nos fautes, et nous constitue justes devant Dieu :

Nous sommes justifiés par la foi dans les mérites du Christ, sans aucune bonne œuvre de notre part! telle fut la doctrine que Luther ne cessa d'enseigner, ce qu'il appelait son *Évangile*, le centre et le résumé de ses prédications.

Singulière doctrine, direz-vous, morale plus étonnante encore, d'après laquelle on peut être justifié sans repentir, sans le ferme propos d'éviter le péché ! — Et cependant la pensée de Luther sur ce point est claire, indéniable ; cent fois il l'a consignée dans ses écrits.

Citons seulement quelques paroles du fameux réformateur : « Ce n'est ni la contrition, ni la charité, ni aucune autre vertu, mais la foi seule qui nous fait recevoir la grâce de Dieu et la rémission de nos péchés. » (*Traité de la Concorde*, 1. III, ch. XXXVI) (1).

« L'Evangile n'exige rien de nous ; au lieu de nous dire : Fais-ceci, fais cela, il nous commande simplement de tendre le pan de notre robe, et de recevoir en disant : Voilà ce que Dieu a fait pour toi : il a revêtu de sa chair son propre Fils, accepte ce don, crois à cette faveur, et tu seras sauvé ! » (Aug. Nicolas, I, p. 333. *Œuvres de Luther*, édit. Walch. III, 4).

Et encore : « L'Evangile ne nous demande pas nos

____

(1) On lit dans le livre de la *Concorde* :
Neque contritio, neque dilectio, neque ulla virtus, sola fides tanquam medium et instrumentum quo gratiam Dei, meritum Christi et remissionem peccatorum apprehendere et accipere possumus. (AUG. NICOLAS, *Du Protestantisme*, I, p. 331).

œuvres pour notre justification ; au contraire, il condamne ces œuvres ; ceux qui se tourmentent pour en
faire ne font qu'accumuler les obstacles sur leur
route. » (Aug. Nicolas, *Du Protestantisme*, p. 333;
Œuvres de Luther, ibid.).

Pour confirmer cette doctrine, Luther invoque la
liberté des enfants de Dieu dont parle saint Paul
(*Epître aux Galates;* c. IV, v. 31); donc, conclut le réformateur, l'Evangile nous a rendus pleinement libres,
il a supprimé l'obligation de toute loi, même de la
loi morale. — Comment, direz-vous, la loi morale
même n'oblige plus le chrétien d'après Luther! —
Oui. telle est sa doctrine : « Celui qui est chrétien
comme il doit l'être, dit-il expliquant l'épître aux Galates, est entièrement et pour toujours libre de toute
loi; il n'est soumis à aucune loi soit extérieure, soit
intérieure ». (Mœlher, I, p. 314) (1).

« Je l'ai dit cent fois, écrit Luther, et je le répète
encore, car on ne pourra jamais assez le redire, le
Chrétien qui a saisi Jésus-Christ notre Sauveur n'est
plus soumis à la loi morale, mais affranchi de l'obligation de la remplir. Lorsque Thomas d'Aquin et les
autres théologiens (catholiques) disent que les lois
judiciaires et cérémonielles des Juifs ont été abrogées,
mais que les dix préceptes qu'ils appellent les lois
morales ne l'ont pas été, ces gens-là ne savent ce
qu'ils disent. Pour toi, quand tu traites de l'abolition
de la loi, prends-la dans toute son étendue, ne distingue point entre les lois cérémonielles et les dix
préceptes. Quand saint Paul dit que nous sommes
délivrés de la malédiction de la loi, il entend toute la

(1) On peut trouver sur cette question une foule de passages
extraits des écrits de Luther dans la *Symbolique* de MŒLHER, t. I,
p. 220-228 ; — 240 à 252 ; p. 262, etc.

Et dans le grand ouvrage de DOLLINGER, la *Réforme et son développement intérieur*, t. III. La *Symbolique*, de MŒLHER, publiée
en 1833, eut en Allemagne un immense succès : l'auteur y expose
le système protestant d'après les écrits des réformateurs ; c'est
une source d'informations absolument sûre.

L'ouvrage de DOLLINGER sur la *Réforme et son développement
intérieur* est encore bien plus riche en documents, et il est d'un
érudit qui ne peut être suspect de partialité pour les catholiques.

loi, et avant tout les commandements : ainsi, le Décalogue n'a plus le droit d'effrayer la conscience où règne le Christ. » (Mœlher, *La Symbolique*, I, p. 241-242).

Mélanchton. — Le plus célèbre disciple de Luther, Mélanchton, professe la même doctrine au sujet de la loi contenue dans le Décalogue : « Nous sommes libres, exempts de l'obligation de cette loi, dit-il (*a Decalogo liberi sumus*), parce qu'elle ne peut être une cause de condamnation pour ceux qui sont en Christ, bien qu'ils soient pécheurs. La loi est abrogée de telle sorte que, même violée, elle n'est pas une cause de damnation. » (Mœlher, I, p. 244.)

Telle est, en effet, la différence entre l'Ancien Testament et le Nouveau, d'après Mélanchton : l'Ancien contenait des promesses, mais exigeait l'accomplissement de la loi ; le Nouveau promet aussi des biens, mais sans la condition d'observer la loi, puisqu'il n'exige rien de notre part : ainsi, « vous voyez la grandeur de la grâce et de la miséricorde divine. » (Mœlher, I, 245-246.)

Maintenant, nous le demandons, que faut-il penser de cette justification par la foi sans les œuvres ? Si les actions vertueuses sont inutiles au salut, je puis les omettre ; si nul autre péché que l'incrédulité ne peut être cause de condamnation, je puis impunément me livrer à toutes les passions, à tous les vices : Qui ne voit le danger d'une telle doctrine ?

D'après Luther, le chrétien est libre, exempt de toutes les lois, même de celles du Décalogue.

Mais le Décalogue est simplement l'expression des premiers préceptes de la loi naturelle ; s'il n'oblige pas le chrétien, je puis donc, moi, croyant, blasphémer Dieu, mépriser mon père et ma mère ; je puis mentir, voler, tuer même, et m'abandonner à la luxure, et avec ma confiance au Christ, je reste juste devant Dieu, j'ai droit au salut ! — N'est-ce pas la négation de l'ordre moral et de la loi naturelle ?

Ce qui est étonnant, c'est que Luther lui-même a vu ces conséquences et qu'il n'a pas craint de les admettre. Il écrit à son ami Mélanchton :

« Sois pécheur, et pèche fortement, mais crois plus fortement encore... Il suffit que nous connaissions l'Agneau qui enlève les péchés du monde : dès lors, le péché ne peut nous arracher Jésus-Christ, quand même en un jour nous commettrions mille meurtres et mille adultères ! »

(Mœlher, I, p. 165-166. Le texte latin est cité).

Si l'on dit que ces paroles ne sont pas destinées au public, elles trahissent du moins la pensée du Réformateur. Mais elles ne sont pas les seules. Dans son livre *De captivitate babylonica* (t. II, p. 284), il écrit : « Vous voyez combien le chrétien est riche : quand il le voudrait, il ne peut perdre le salut par aucun péché, si ce n'est qu'il ne veuille pas croire, car, si nous exceptons les péchés opposés à la foi, nul ne peut exclure du salut; tous les autres sont absorbés en un instant par cette même foi. » (Mœlher, I, p. 164-165.)

Nous savons que, parmi les protestants, il en est plusieurs qui rejettent ces principes et ces conséquences. Mais l'histoire atteste l'insistance avec laquelle Luther et plusieurs des premiers réformateurs prêchèrent cette doctrine. Ce fut là même un des principaux appâts à l'aide desquels ils attirèrent de nombreux adeptes, et depuis, la théorie de la foi justifiant sans les œuvres est presque toujours restée comme une note caractéristique du protestantisme. — Nous verrons plus loin combien cette théorie est opposée à la Sainte Écriture.

Doctrine de Luther sur le libre arbitre.

Une autre doctrine chère aux premiers réformateurs et capitale à leurs yeux, est la négation de la liberté dans l'ordre moral : « En effet, dit Mœlher, Luther avança comme un article de foi que l'homme ne possède aucune liberté, que Dieu disposant toutes choses avec une nécessité irrésistible, les actions de l'homme ne sont au fond que les actions de Dieu. » (Mœlher, I, p. 16.)

Et ce ne fut pas là une boutade échappée en passant à l'ardent novateur ; pour établir cette négation du libre arbitre il a composé tout un livre dont le titre est singulièrement significatif : *De servo arbitrio.*

On y lit entre autres choses : « Il est nécessaire tout d'abord de reconnaître que Dieu dispose et fait tout par une immuable volonté, et cela suffit pour écraser et réduire à rien le libre arbitre. De là il suit évidemment que toutes nos actions se font d'une manière nécessaire ; tout ce que nous faisons se fait par une pure nécessité » (Mœlher, I, p, 16.) Ailleurs, il étend cette impulsion nécessitante jusqu'aux œuvres mauvaises : *Nam et mala opera in impiis Deus operatur* (P. Perrone, *Le Protestantisme et la règle de foi,* t. III, p. 54) ; — « Dieu opère aussi le mal dans les impies ». — Et encore : « La volonté de l'homme est semblable à un cheval ; que Dieu la monte, elle va, elle veut comme Dieu le veut : Que le diable s'assoie sur elle, elle court où le diable l'emporte » (*De servo arbitrio,* p. 20, 50). — « Dieu fait en nous le mal comme le bien, et comme il nous sauve sans mérites de notre part, il nous damne sans qu'il y ait de notre faute. » (Nicolas, I, p. 353. — Édit. Walch, t. XVIII, p. 20, 50.)

Comment, Dieu nous damne sans qu'il y ait de notre faute ! N'est-ce pas ajouter l'impiété à l'immoralité, et après avoir fait Dieu l'auteur du mal, en faire un tyran qui punit éternellement ce qu'il a forcé de faire ?

Et c'est là le fatalisme impie qu'a prêché cet émancipateur de l'esprit humain ! Le protestantisme peut-être fier d'un pareil apôtre !

Doctrine des autres réformateurs sur la liberté.

Cependant la doctrine de Luther sur le libre arbitre a été admise par les principaux chefs de la ré forme. Comme son maître, *Mélanchton* assujettit nos actes à la prédestination divine et à la nécessité : « Si l'on demande : La volonté est-elle libre ? » Il faut répondre : « Tout ce qui arrive se fait nécessairement selon la prédestination voulue par Dieu, et il n'y a nulle liberté pour notre volonté : *Nulla est voluntatis nostræ libertas !* « Dieu opère tout en toutes choses, voilà, dit-il, un dogme essentiel du Christianisme ! » (Mœlher, I, 17). Et cent fois il répète que le mot de liberté doit être rejeté.

Mais si Dieu opère ainsi tout dans l'homme, il opère donc aussi en lui le mal ? « Oui, dit Mélanchton (*Commentaire sur l'Epître aux Romains*), il faut tenir pour certain que tout est fait par Dieu, le mal comme le bien. Selon nous, Dieu ne permet pas seulement que les créatures agissent, c'est, à proprement parler, lui qui fait toutes les œuvres : l'adultère de David fut l'œuvre de Dieu comme la vocation de saint Paul ; la trahison de Judas comme la conversion de l'apôtre des Gentils. » (Mœlher, I, 25 et 26, texte.) — Plus tard, il est vrai, Mélanchton rejeta ces excès. (Mœlher, I, 27.)

Zwingle n'a pas une autre doctrine : les pécheurs, d'après lui, sont les instruments dont Dieu se sert selon sa volonté : il pousse le brigand à tuer l'innocent. — Comment, direz-vous, le brigand est donc forcé de pécher ? — Oui, « c'est par l'impulsion divine qu'il est homicide. Dieu le meut et le pousse à cet acte, et cependant Dieu n'est pas coupable, parce qu'il n'est pas sujet de la loi ». (Zwingle, *De Providentia*, cap. VI, fol. ;66. — P. Perrone, t. III, 54. — Mœlher, I, p. 28.)

Calvin insiste plus encore sur ce fatalisme impie : cent fois il répète que l'homme fait par l'impulsion divine ce qu'il lui est défendu de faire, et qu'il tombe parce que Dieu l'a ainsi ordonné (Mœlher, I, p. 28). Dieu destine les uns au ciel, les autres à l'enfer :

« La prédestination, dit Calvin (*Institutions chrétiennes*, l. III, ch. XXI), est le décret par lequel Dieu a fixé le sort de chacun en particulier, car tous ne sont pas créés pour la même fin. Les uns sont destinés à la vie éternelle, les autres aux peines de l'enfer, et suivant que tel homme a été choisi pour l'une ou l'autre de ces conditions, nous disons qu'il a été prédestiné à la vie ou à la mort. » (Mœlher, I, 120. Le texte latin est en note.)

Si Dieu pousse l'homme à mal faire, selon Calvin, c'est pour exercer sa justice ; ainsi, quand il porte quelqu'un au meurtre, c'est dans l'intention de punir le coupable (Mœlher, I, 34). Supposez un prince qui agisse de la sorte à l'égard d'un sujet, ne serait-il pas de tous les tyrans le plus cruel et le plus injuste ?

Cependant Théodore de Bèze, disciple de Calvin, et après lui l'oracle des réformés à Genève, admet ces principes avec leurs conséquences. (Mœlher, I, 29). Il ne se contente pas de répéter que Dieu excite et pousse au péché, il dit aussi que Dieu n'a créé une partie des hommes qu'afin de s'en servir pour faire le mal (*Sic Deus agit per illa instrumenta, ut non tantum sinat illa agere, sed etiam incitet, impellat, moveat atque adeo, quod est maximum, et creat ut per illa agat quod constituit* » (*Bezæ Aphorismi*, 22).

Que penser de cette doctrine des novateurs sur le libre arbitre ? Il est étrange déjà qu'on les exalte comme les apôtres de la liberté et les émancipateurs de la société chrétienne ; mais, chose plus grave, avec ce fatalisme, que devient l'ordre moral ? — Evidemment la moralité des actes suppose leur liberté ; il ne peut y avoir ni faute ni démérite dans une action nécessitée, inévitable. Comme le disait saint Augustin : *Quis in eo peccat quod nullo modo cavere potest?* — Si je ne suis pas libre d'éviter telle action, je n'en suis pas plus responsable qu'un ressort de montre ne l'est de ses mouvements.

Supprimer le libre arbitre, c'est donc ruiner par la base tout l'ordre moral.

La réforme opérée par les novateurs.

Et cependant le protestantisme se donne le nom de Réforme, il exalte Luther, Calvin et leurs premiers adeptes comme des auteurs de cette régénération.

Quelle réforme, grand Dieu ! Elle consistait à rejeter toutes les prescriptions gênantes pour la nature, à donner aux passions mauvaises l'excuse de la nécessité. Aussi, voyez-en les résultats : ils ont été largement exposés par Döllinger d'après les écrits des premiers novateurs (1) : Mgr Freppel les résume en ces mots : « Les princes et les peuples affranchis de toute autorité religieuse, les biens du clergé et des monastères livrés au pillage, la morale dépouillée de tout ce qu'elle a de pénible, les bonnes œuvres déclarées inutiles au salut, les plus saintes promesses violées et foulées aux pieds, la liberté désormais sans frein, les passions déchaînées, les instincts les plus vils de l'homme satisfaits, en fallait-il davantage pour expliquer le succès du moine apostat ? »

Et nous pouvons ajouter : En faut-il plus pour juger si le protestantisme fut une véritable réforme de l'Eglise fondée par Jésus-Christ ?

(1) *La Réforme* et son développement intérieur, 3 forts vol. in-8. Döllinger y montre les effets produits en Allemagne par les doctrines de Luther et de ses imitateurs, en s'appuyant sur les écrits des premiers réformateurs. — Le nombre de ces témoignages est énorme : outre les pages nombreuses empruntées à Luther, à Mélanchton, on y trouve de larges extraits de *soixante* autres écrivains qui furent les apôtres ou les partisans de la Réforme à son origine. Ils s'unissent pour déplorer la corruption morale et les désordres causés en Allemagne par les idées et les prédications du grand réformateur.

CHAPITRE IV

La plupart de ses partisans le prétendent, et dans
leurs discours, leurs brochures, les prédicants ne ces-
sent de le répéter.

Et cependant, au point de vue de l'histoire, c'est la
plus insigne fausseté.

Consultons, en effet, les documents qui retracent
la croyance et les mœurs des premiers chrétiens.
Voyons d'abord ce qu'ils pensaient de l'Eglise, de sa
hiérarchie et de son autorité : tous affirmaient l'existence de cette hiérarchie, et l'exercice de son pouvoir sur les fidèles

Saint Ignace d'Antioche, mort martyr en 107, dans
les lettres qu'il écrivit aux chrétiens des Eglises
d'Asie, ne leur recommande rien tant que l'obéissance à leur évêque comme à Jésus-Christ.

Au IVe siècle, saint Augustin, et avant lui
saint Cyprien vers l'an 220, ont écrit l'un et l'autre
un traité de l'*Unité de l'Eglise*, et ils insistent sur la
nécessité de lui obéir. Ils regardent comme hérétiques ceux qui n'admettent pas la foi de l'Eglise, et
déclarent les schismatiques exclus du salut éternel.

Tertullien, vers l'an 230, exposa dans son fameux
livre : *Des prescriptions*, l'argument fondamental qui
réfute et condamne toutes les hérésies : contre tous

les novateurs, il en appelle à l'autorité de l'Eglise et de la tradition apostolique transmise par les évêques successeurs des apôtres.

Saint Irénée, savant évêque de Lyon au second siècle, dans son grand traité *contre les hérésies*, n'est pas moins explicite sur cette autorité de la tradition catholique ; il affirme même que les fidèles de tous les pays doivent s'accorder avec l'Eglise Romaine, à cause *de sa principauté supérieure* : *propter potiorem ejus principalitatem*.

Voyons maintenant d'autres points importants.

Voulez-vous savoir ce que saint Augustin pensait de la justification par la foi seule ? Dans son traité *De la foi et des mœurs* (ch. xv), il rappelle les paroles que Jésus-Christ prononcera au jugement dernier (Matth., xxv) et il ajoute : « Si l'on peut arriver à la vie éternelle par la foi seule sans observer les commandements, Jésus-Christ pourrait-il dire avec vérité à ceux qui seront à sa gauche : « Allez au feu éternel, car j'ai eu faim, et vous ne m'avez pas donné à manger, j'ai eu soif, et vous ne m'avez pas donné à boire : Lorsque vous avez refusé ces services au moindre de ces petits, c'est à moi que vous les avez refusés ». — « Jésus-Christ ne leur reproche pas de n'avoir point eu foi en lui, ajoute saint Augustin, mais seulement de n'avoir point fait ces bonnes œuvres ».

N'est-ce pas la réfutation expresse de la grande théorie de Luther sur la foi ?

Il en est de même pour les autres dogmes catholiques niés par les protestants : on peut montrer par une multitude de témoignages que la doctrine des saints pères aux premiers siècles était celle que nous professons. Le savant Bellarmin l'a fait dans ses *Controverses* et bien d'autres après lui.

On peut même citer des écrivains protestants qui ont reconnu cette identité de notre croyance avec celle de l'Eglise primitive, par exemple Grabe, Leibnitz, Grotius, l'anglais Gibbon, etc. Le savant Grotius écrivait à son frère : « Tout ce que reçoit universellement l'Eglise d'Occident unie à Rome, je le trouve enseigné par les Pères grecs et latins ».

Gibbon dit aussi : « Un homme instruit ne peut aller contre ce fait historique que dans toute la période des quatre premiers siècles, les principes catholiques étaient déjà reconnus en théorie et en pratique ». — Fait plus remarquable encore : au siècle qui vient de finir, plus de trois cents ministres anglicans, docteurs ou gradués d'Oxford ou de Cambridge, sont revenus au catholicisme à la suite de leurs études sur l'antiquité chrétienne : ils ont reconnu la conformité de la doctrine catholique avec la foi de l'Eglise primitive.

D'autres témoignages nous sont fournis par la science moderne : dans les catacombes de Rome, où se réfugiaient les chrétiens pour la célébration de leur culte, une foule d'inscriptions, de peintures, de sculptures attestent la croyance des premiers fidèles au sacrifice de l'autel, au sacerdoce, à l'invocation des saints, etc. etc.,

Voulez-vous encore une autre preuve de la foi des premiers âges ? Interrogez les Eglises d'Orient et les sectes séparées de Rome dès le iv° ou v° siècle. Elles professent presque tous les dogmes catholiques rejetés par les protestants, par exemple notre doctrine sur l'épiscopat et le sacerdoce, sur le sacrifice de la messe, sur les sacrements, etc. — Elles subsistent après dix et quinze siècles comme des *organes témoins* de l'origine apostolique de ces croyances regardées par les protestants comme des inventions papistes.

Par ces faits et ces témoignages, il est facile de voir si le protestantisme fut un retour à la croyance des premiers chrétiens.

Ah ! si les Pères de l'Eglise, saint Justin, saint Irénée, saint Cyprien, saint Ambroise, saint Augustin reparaissaient au milieu de nous ; si on leur disait : Que pensez-vous d'une doctrine qui rejette l'autorité de l'Eglise, et la croit sujette à l'erreur ; d'une doctrine qui nie la valeur et la nécessité des bonnes œuvres pour la justification ? — Ils s'écrieraient avec horreur : c'est la négation de la morale évangélique, c'est l'hérésie et la révolte contre l'autorité établie par Jésus-Christ ! — Ils diraient comme saint Cyprien : Celui-là ne peut avoir Dieu pour père, qui ne veut pas reconnaître l'Eglise comme sa mère. — Ils diraient comme saint Augustin : « Celui-là n'est plus qu'un membre séparé du corps de Jésus-Christ, un membre sans vie, qui se sépare de l'Eglise et rejette son autorité ».

Et si nous pouvions interroger les fidèles des premiers siècles, les confesseurs de la foi et les martyrs, ils diraient aux apôtres du protestantisme qui leur exposeraient la doctrine et les mœurs des réformateurs : « Ce n'est point ainsi que nous avons cru, que nous avons agi. Ce n'est point en vivant à la Luther, en nous livrant à la passion, au plaisir, que nous avons converti le monde et transformé ses mœurs ! Les saint docteurs, les apologistes des premiers jours ont retracé le tableau de notre conduite et de notre martyre : c'est tout l'opposé de l'évangile prêché par votre réformateur ! »

Oui, il faut être profondément ignorant en fait d'histoire ecclésiastique pour soutenir que le protestantisme avec ses négations, son libre examen, sa morale, n'est qu'un retour au christianisme primitif.

CHAPITRE V

C'est là encore une prétention de la plupart des protestants ; les agents de leur propagande le répètent sans cesse : « La Bible seule, disent-ils, nous ne voulons croire qu'à la Bible, à la parole de Dieu ! »

Nous aussi, Catholiques, nous possédons la Bible, et nous la regardons comme divinement inspirée, mais nous l'avons montré, la Bible seule ne suffit pas pour enseigner à tous les chrétiens ce qu'il faut croire et ce qu'il faut faire. En une foule de points elle est difficile à comprendre, et pour en saisir sûrement le vrai sens il faut un inrerprète autorisé, et vous, protestants, vous l'avez rejeté.

La Bible n'est pas non plus un code de lois que tous puissent facilement connaître ; souvent elle parle en figures, en paraboles, et le sens privé y a trouvé matière aux plus singulières illusions.

Serait-elle un code de préceptes, pour en préciser le sens et déterminer les applications, il faudrait un juge, car il est clair que sans juges et sans tribunaux un texte écrit ne suffit pas pour diriger un peuple.

Du reste, comment la Bible pourrait-elle être la seule règle de foi comme le veulent les protestants? — Les fidèles ne savent pas tous lire, et pendant quatorze siècles, jusqu'à l'invention de l'imprimerie, combien pouvaient par eux-mêmes connaître le texte sacré ? Et maintenant encore, si nous considérons l'universalité des peuples, ils sont le petit nombre, ceux qui peuvent lire la Bible.

Comment donc la plus grande partie de ceux qui veulent être chrétiens pourront-ils sûrement connaître la doctrine révélée ?

Vous direz peut-être : Nous avons des ministres chargés d'instruire le peuple des vérités contenues dans la Bible.

Non, monsieur le protestant, ces ministres n'ont pas le droit de venir m'instruire ainsi, ni de me donner de la Bible une connaissance que je doive accepter.

Eh quoi ! vous refusez d'écouter l'Eglise universelle qui, depuis dix-huit siècles, présente dans son symbole le résumé de l'Evangile, et vous voulez que j'écoute docilement les paroles d'un de vos ministres qui n'a d'autorité que celle de son sens privé ! — Et encore, si tous vos prédicants enseignaient la même doctrine ! Mais non, ils ne s'entendent sur rien ; les uns sont Luthériens, les autres Calvinistes, ceux-ci Wesleyens, ceux-là Sociniens, etc., etc.

Si je croyais un de vos docteurs, je risquerais cent fois de contredire ses émules, et de me tromper comme eux ou comme vous.

Cependant, puisque sans cesse vous nous citez l'Evangile et la Bible, voyons si vous-mêmes vous êtes d'accord avec cette autorité.

Saint Paul dit à ceux que les apôtres avaient préposés au gouvernement des fidèles : « Le Saint-Esprit vous a placés comme évêques pour régir l'Eglise de Dieu. » (Actes des Apôtres, c. xx,)

Et vous, protestants, vous ne reconnaissez point de pouvoir établi par Dieu pour vous diriger au salut,

Saint Paul ordonne à Tite d'établir des prêtres dans les villes où l'Evangile est reçu (ch. i, v. 9) ; il écrit à Timothée : « Ne recevez pas d'accusation contre un prêtre sinon d'après le témoignage de deux ou trois témoins. » (Ch. v, 19.)

L'apôtre reconnaît donc la dignité du sacerdoce et de l'épiscopat, et vous, peut-être, avec la plupart des protestants, vous n'admettez ni évêques, ni prêtres ayant un pouvoir divin.

Ainsi en est-il de plusieurs enseignements de

l'Evangile sur la nature et les caractères de l'Eglise voulue par Jésus-Christ ; nous l'avons vu, le protestantisme en est la négation pratique et, ne réalise nullement le plan du Sauveur.

Mais il est un autre point capital sur lequel nous voulons comparer la doctrine des réformateurs avec celle de l'Evangile, c'est leur théorie de la justification.

D'après eux, la foi en Christ suffit pour le salut : pour être justifié, les bonnes œuvres ne sont pas nécessaires. — Examinons si tel est l'enseignement des apôtres et de Jésus-Christ.

Dans son grand discours sur la montagne (S.Matth., ch. IV-VII), Notre-Seigneur expose les devoirs de la vie chrétienne ; il ordonne, en particulier, l'amour du prochain, même des ennemis, le pardon des injures, une pureté qui exclut jusqu'aux mauvais désirs ; et il ajoute : « Tout arbre qui ne porte pas de bons fruits est coupé et jeté au feu ;... Celui qui fait la volonté de mon Père entrera dans le Royaume des cieux ; » mais à ceux-là même qui auront fait des prodiges au nom du Christ, s'ils ne pratiquent pas la justice, Jésus-Christ dira : « Retirez-vous de moi, ouvriers d'iniquité ! » (ch. VII, v. 21, 23).

Est-ce la promesse du salut sans les œuvres ?

Luther ne demande au pécheur pour sa justification que la foi en Christ ; — Notre-Seigneur, au contraire, déclare et répète à la foule qui l'entoure : « Si vous ne faites pénitence, vous périrez tous ! » (Luc, XIII, v. 3 et 5).

Luther dit que l'Evangile n'exige rien de nous, que la liberté chrétienne exempte de toute loi, et Jésus-Christ dit et répète que le grand précepte est l'amour de Dieu par dessus toutes choses, et ensuite l'amour du prochain ; la veille de sa mort il redit encore à ses disciples : « Celui-là m'aime qui garde mes commandements. » (Joan. 14, 15).

Mais dans l'Evangile il est un autre passage qui causait à Luther lui-même un terrible embarras (S. Matth., XIV, 17). Un jeune homme vient demander à Jésus : « Maître, que dois-je faire pour obtenir la vie éternelle ? » — Jésus lui répond : « Si vous voulez entrer dans cette vie, observez les commandements !... » Et il lui rappelle les préceptes du Décalogue. — « Voilà, dit Luther, le texte dont font grand bruit ceux qui pratiquent les œuvres, et c'est la base sur laquelle est bâti l'édifice de la papauté ! » c'est-à-dire la morale catholique. — Je le crois bien ! Les paroles de Jésus-Christ sont assez claires, assez expresses : si, pour obtenir la vie éternelle, il faut observer les commandements, l'Eglise catholique a raison de dire contre Luther que la foi ne justifie pas sans les œuvres. Que répondait ici le grand réformateur ? Cent fois il s'esquive, il cherche à détourner l'attention vers d'autres textes ; enfin, il prétend trouver aux paroles mêmes du Christ une explication : « Jésus-Christ, dit-il, en répondant au jeune homme : Observez, les commandements — ne parlait pas sérieusement, mais d'une manière ironique » ; comme s'il disait : « Essayez de garder les commandements, vous verrez que cela est impossible, et vous comprendrez ainsi que la foi seule peut justifier. » (Döllinger, t. III, p. 163-166, cite les paroles de Luther proposant cette merveilleuse explication.)

Etrange et pitoyable défaite, sans doute, mais de plus, elle est contredite par le texte même, puisque le jeune homme répond : « Ces préceptes, je les ai tous observés depuis ma jeunesse ».

Et voilà comment le fondateur du protestantisme nous ramène au pur Evangile ! — Et cela sur son dogme fondamental !

Parcourons maintenant les Epîtres de saint Paul : c'est là que Luther crut découvrir sa doctrine sur la justification.

L'épître aux Romains surtout lui parut précieuse : on y lit, (ch. III, 24), que l'homme est justifié par la foi sans les œuvres de la loi. — Voilà, disait-il, ce que nous enseignons ! Nous sommes justifiés par la foi sans les œuvres ! — Oui, répondons-nous, l'homme est justifié sans les œuvres prescrites, par la loi de Moyse, sans les ablutions, les purifications, et autres observances imposées au peuple Juif ; nous pensons que ces pratiques extérieures ne peuvent produire la justice de l'âme ; mais saint Paul exclut-il aussi les

préceptes de la loi morale formulés par le Décalogue ?
Non, certainement, et dans cette même épître il enseigne l'obligation de les observer. Au ch. II, v. 13,
il écrit : « Ce ne sont pas les auditeurs de la loi qui
sont justes devant Dieu, mais ceux qui accomplissent
cette loi : — *Non auditores legis justi sunt apud
Deum, sed factores legis justificabuntur*. Et il parle
surtout de cette loi naturelle qui est écrite dans la
conscience de tous les hommes, et dont Luther ose
nier l'obligation pour les chrétiens.

L'apôtre s'exprime encore plus clairement à ce sujet dans ses autres épîtres.

Il écrit aux Corinthiens (c. VI, v. 9 et 10) :
« Ignorez-vous que les hommes coupables d'injustices
ne posséderont pas le royaume de Dieu ? Ne vous y
trompez pas ; ni les fornicateurs, ni les adultères, ni
les voleurs, ni les hommes adonnés à l'ivrognerie ne
posséderont le royaume de Dieu. »

Aux Ephésiens (ch. VII, v. 5), l'apôtre dit de même :
« Que l'impureté et les paroles grossières soient
bannies de vos discours, car, sachez-le, tout fornica-
teur, tout homme qui se livre à l'impureté, tout avare
n'a pas de place dans le royaume de Dieu. »

Direz-vous avec Luther que Jésus-Christ nous a délivrés du joug de la loi, et rendus à la liberté des enfants de Dieu ? — Oui, nous sommes délivrés des
observances de la loi mosaïque, mais nullement des
préceptes de la loi morale, ni de ceux que Jésus-
Christ a lui-même imposés.

Saint Paul le dit clairement dans sa lettre aux Galates : Vous avez été appelés à la liberté, mais gardez-
vous de prendre de là l'occasion de suivre les désirs
de la chair. Marchez sous la conduite de l'Esprit, et
vous ne ferez pas ce que la chair désire. » (Aux Galat.
v, v. 13, 16.) — Quelles sont ces œuvres de la chair
qu'il faut éviter ? L'apôtre les énumère : « Ce sont,
dit-il, la fornication, l'impureté, les dissensions, les
colères, les homicides, l'ivrognerie... Je vous l'ai dit,
ceux qui se rendent coupables de ces œuvres n'ob-
tiendront point le royaume de Dieu. » (*Ibid.*, v, 19,
20, 21.)

Déjà, dans ces paroles, nous trouvons la condamnation d'un système où l'homme est justifié par la foi sans les œuvres ; cependant, il est un autre passage de l'apôtre encore plus expressément contraire à la théorie de Luther.

Au ch. XIII de sa première épître aux Corinthiens, saint Paul expose les devoirs de la charité, et il dit : « Lors même que j'aurais la science de tous les mystères, et une foi capable de transporter des montagnes, si je n'ai pas la charité, je ne suis rien » (v. 2).

Ces paroles ne sont-elles pas la négation formelle de la théorie luthérienne ? — La chose est évidente ; aussi les catholiques opposaient à Luther ce passage de saint Paul. Que répondait le novateur ? « Pour étayer leur exécrable doctrine de la nécessité des bonnes œuvres, dit-il, mes adversaires citent ces paroles de saint Paul aux Corinthiens, — passage qu'ils s'imaginent être pour eux un mur d'airain : « Anes grossiers, sans intelligence, ils ne savent rien comprendre dans les écrits de saint Paul ; ils font violence aux paroles de l'apôtre,... Gardons-nous de cette erreur comme d'un poison vraiment infernal et diabolique, et concluons avec l'apôtre que nous sommes justifiés par la foi seule sans la charité ». (Mœlher, I, p. 159.) Et voilà comment Luther ne répondait que par des injures aux raisons les plus claires et les plus accablantes.

Comme saint Paul, les autres apôtres dans leurs écrits inculquent la nécessité des bonnes œuvres. Saint Pierre dit aux fidèles : « Efforcez-vous par vos bonnes œuvres de rendre certaines votre vocation et votre élection. » (Epist. II, I, v. 10.)

Selon saint Jean dans sa première épître : « Celui qui n'a pas la charité demeure dans la mort » (*qui non diligit, manet in morte*, ch. III, 14).

Saint Jude énumère les œuvres mauvaises : « les impuretés, les blasphèmes, les révoltes contre l'autorité », et il ajoute : « Le châtiment du séjour des ténèbres (*procella tenebrarum*) les attend pour l'éternité » (v. 13).

Saint Jacques dans son Epître catholique insiste sur la nécessité de joindre les œuvres à la foi ; de sorte qu'il semble vouloir d'avance réfuter la théorie que Luther a fait sienne.

« Mes frères, écrit-il (ch. II, v. 18), si quelqu'un dit avoir la foi, mais n'a pas d'œuvres bonnes, à quoi cela lui servira-t-il ? Cette foi pourra-t-elle le sauver ? » — Et pour montrer que cette foi stérile ne suffit pas, l'apôtre ajoute : « Si vous voyez votre frère manquer de nourriture et de vêtement, et si vous lui dites : allez, mon ami, réchauffez-vous, rassasiez-vous ! » — sans lui donner ce qui lui manque, à quoi serviront vos bonnes paroles ? Ainsi en est-il de la foi sans les œuvres. »

Et, en effet, à quoi servent les paroles, et même les principes honnêtes, si on ne fait rien pour les mettre en pratique ?

Luther vit la difficulté de concilier sa doctrine avec celle de l'apôtre saint Jacques ; pour l'écarter, il prit un moyen radical et fort simple : il déclara que cette lettre était une épître *de paille*, et devait être rejetée du Nouveau Testament. — Voilà comment le réformateur traitait la sainte Écriture quand elle contrariait ses idées ; cette épître, pourtant, était reçue comme inspirée depuis les premiers siècles, et beaucoup de protestants la conservent aujourd'hui.

Encore un mot sur la théorie si chère au premier réformateur, et à tant d'autres après lui. A les entendre, la valeur et la nécessité des bonnes œuvres dérogeraient aux mérites de Jésus-Christ : « Eh quoi ! disent-ils, les satisfactions du Sauveur sont-elles donc insuffisantes, pour que nous soyons obligés d'y joindre les nôtres ?

— Non, ce n'est pas pour cela que nous devons travailler et souffrir avec Jésus-Christ, et comme lui pratiquer les vertus.

C'est d'abord parce que Dieu le veut ainsi : saint Paul nous l'assure : nous serons les cohéritiers du Christ, « nous partagerons sa gloire si nous participons à ses souffrances ». *Si tamen compatimur ut conglorificemur — si socii passionum, eritis et gloriæ*. Celui-là seul sera couronné qui aura bien combattu : *Non coronabitur nisi qui legitime certaverit*.

Jésus-Christ nous a donné l'exemple de la charité, de la patience, pour que nous l'imitions : « Le Christ a souffert pour nous, dit saint Pierre, pour que vous marchiez sur ses traces ». — Et le Sauveur lui-même, la veille de sa passion, disait à ses disciples : « Je vous ai donné l'exemple pour que vous agissiez comme j'ai fait moi-même ».

Voyez la comparaison tirée du discours après la cène. (Joan., xv.) Jésus-Christ est la vigne dont nous sommes les branches, et il veut que nous portions des fruits : *Posui vos ut eatis et fructum afferatis.* — Celui qui demeure en moi (comme la branche dans la vigne) celui-là porte beaucoup de fruit : *hic fert fructum multum.* (Joan., xv.)

La valeur, l'excellence de ces fruits déroge-t-elle à la gloire de Jésus-Christ, la vraie vigne, comme le prétend la théorie luthérienne ? Non, sans doute, et Jésus-Christ lui-même nous dit : *In hoc clarificatus est Pater meus, ut fructum plurimum afferatis !* « C'est là ce qui glorifie mon Père, que vous portiez des fruits avec abondance ! » — Et pour le mieux comprendre poursuivons la comparaison du Sauveur.

Voici une vigne magnifique dont les rameaux couvrent presque un arpent de terre. Que penseriez-vous d'un visiteur qui vous dirait : « La gloire de cette vigne est de ne porter aucun fruit : tout fruit de ses rameaux serait une dérogation au mérite du cep qui les porte ! » Ce serait là, sans doute, de toutes les appréciations la plus insensée. N'est-ce pas celle des protestants qui nous disent comme Luther : « La valeur de nos œuvres dérogerait aux mérites de Jésus-Christ, la vigne dont nous sommes les rameaux !! »

Après cette étude sur les idées luthériennes et protestantes comparées au texte sacré, on peut voir déjà si le protestantisme est vraiment un retour au pur Evangile.

Sur d'autres points encore, il y a des antinomies ; celles que nous avons signalées suffisent pour porter notre jugement.

CONCLUSION

Nous l'avons vu : Jésus Christ a fondé une Eglise ;
il a voulu que cette Eglise fût une dans son universalité.

Eh bien, le protestantisme n'a point ces caractères :
si vous le prenez en bloc, il n'a point cette unité que
doit avoir une seule société, un seul royaume, un
seul troupeau, un seul corps vivant, organisé.

Si vous considérez l'une ou l'autre de ces mille
sectes qui le composent, elles se réduisent à quelques
milliers de partisans fort mal unis entre eux. Est-ce
là l'œuvre voulue par Jésus-Christ ! Le Fils de Dieu
s'est-il incarné, a-t-il exercé son apostolat, est-il mort
pour que sa doctrine ne fût comprise que quinze
siècles après sa venue, et par un si petit nombre de
fidèles ? A quoi se réduit alors le grand œuvre de
la Rédemption ?

Au début du ve siècle, saint Augustin, dans une
réponse à la lettre d'un rationaliste de son temps,
lui disait :

« Plusieurs raisons me retiennent dans l'Eglise
catholique : le consentement des peuples, l'autorité
fondée sur des miracles, confirmée par l'antiquité, la
succession non interrompue des pasteurs depuis saint
Pierre à qui Notre-Seigneur confia son troupeau, jusqu'à l'épiscopat de nos jours ; ce nom même de catholique que seule elle garde, non sans raison, en
face de tant d'hérésies et par un privilège exclusif ;
car les hérétiques ont beau vouloir être appelés catholiques, si un étranger demande où se réunissent

les catholiques, aucun hérétique n'ose lui montrer son église ou sa maison. »

Ces paroles du grand docteur, nous, catholiques, nous pouvons les redire avec plus d'assurance encore aujourd'hui, car ce n'est pas seulement depuis quatre cents ans, mais depuis bientôt dix-neuf siècles que notre Eglise présente ces caractères admirés par saint Augustin.

Mais ces paroles aussi, nous les opposons aux protestants, car chez eux on ne retrouve nulle part les notes qui doivent distinguer la véritable Eglise d'après le saint docteur.

A leurs sectes aussi nous opposons un triple reproche dont elles ne sauraient se justifier :

1º *Leur nouveauté* d'abord : Peuvent-elles se dire fondées par Jésus-Christ ? Leur nom même proteste : elles sont l'œuvre de Luther, de Calvin, de Wesley, ou de quelque autre novateur, et l'histoire nous dit comment elles se sont formées depuis trois ou quatre siècles, ou plus récemment encore.

2º *Leurs divisions* : La vérité est une, en ce sens que de sa nature elle est toujours et partout la même, elle ne peut donc se trouver à la fois chez toutes ces sectes qui se contredisent sur les dogmes les plus importants. — Jésus-Christ n'a fondé qu'une Eglise, il a voulu que tous ses fidèles formassent un seul royaume, un seul corps dont tous les membres fussent étroitement unis ; comment reconnaître une telle Eglise dans cette Babel de Congrégations et de sectes qu'on appelle le protestantisme ?

3º *Leurs variations* : La vérité est toujours la même; pas plus que les principes rationnels, la vérité révélée ne peut changer. Mais c'est un fait : depuis leur origine, les sectes protestantes ont cent fois varié dans leur doctrine. Bossuet a commencé l'histoire de leurs variations : on pourrait aujourd'hui décupler cette histoire, ou plutôt, montrer que chez les protestants qui se disent éclairés, il règne une multitude confuse d'opinions semblables à celles du rationalisme.

Ce n'est donc point dans le protestantisme que l'on peut retrouver la vérité chrétienne dans son intégrité, et moins encore, la véritable Eglise voulue par Jésus-Christ.

Nous pouvons donc enfin répondre aux prédicants qui nous invitent à partager leurs idées.

Non ! votre réforme n'est pas l'œuvre du Christ : vous êtes venus quinze siècles trop tard pour vous dire l'Eglise fondée par Jésus-Christ. — Vous n'êtes pas même une église, car vous ne reconnaissez aucun lien social, aucune autorité qui vous unisse et vous gouverne ; vous n'êtes qu'un amas de sectes sans aucun principe d'unité.

Avez-vous une doctrine commune, un symbole ; Non ! Vous ne vous entendez sur aucun dogme révélé, ni sur la Trinité, ni sur la divinité de Jésus-Christ, ni sur la rédemption, et d'après votre principe même, en vertu du libre examen, chacun de vous peut se faire une religion à sa guise, sans égard à celle des autres chrétiens.

Vous n'avez point non plus de morale fixe et sûre, et celle que vos premiers apôtres ont enseignée est la destruction de toute moralité.

Vous prétendez être une *réforme* de l'Eglise tombée, dites-vous, depuis dix siècles, dans l'erreur et dans la corruption ; et au témoignage de vos réformateurs eux-mêmes, le changement opéré par leurs doctrines ne fut signalé que par une foule de désordres et de dissensions, et par la dépravation des mœurs.

Vous dites que le protestantisme est un retour au christianisme primitif, et si l'on compare vos croyances, votre morale à celles des premiers chrétiens, on trouve qu'elles en sont la négation plus ou moins complète.

Vous dites encore que le protestantisme est un retour au pur évangile ; et quand je parcours l'Evangile, j'y trouve partout des doctrines et des préceptes qui sont la condamnation des dogmes prêchés par Luther, par Calvin, et la plupart des apôtres de leur évangile épuré.

Je ne puis donc reconnaître en vous ni la doctrine, ni l'œuvre de Jésus-Christ.

Et voilà pourquoi *je ne veux pas* être protestant !

CHAPITRE VI

Au début de cette étude, nous avons montré que Jésus-Christ a voulu et fondé une Eglise qui doit être son troupeau, son royaume sur la terre ; — Royaume universel, auquel doivent appartenir toutes les nations, royaume perpétuel, qui doit subsister jusqu'à la fin des siècles. — Et malgré cette étendue, toutes les parties de ce vaste empire doivent être unies dans la même foi ; comme les membres d'un même corps, elles doivent être animées d'un même esprit, d'une même vie.

Où trouverons-nous réalisé le type social voulu par le Sauveur ?

Un coup d'œil sur l'histoire du monde depuis l'apparition du christianisme nous permettra de résoudre cette question.

Parmi les sociétés religieuses qui se disent chrétiennes, seule l'Eglise catholique est vraiment universelle depuis bientôt dix-neuf siècles, seule elle réalise les promesses faites aux patriarches et aux prophètes, ce royaume du Messie auquel doivent appartenir toutes les nations.

Seule depuis son origine elle présente l'unité dans l'universalité, unité des intelligences dans la profession d'une même foi, unité des volontés par la soumission de tous les fidèles au même pasteur suprême, et elle a su conserver cette unité aussi profonde que vaste malgré tous les obstacles, maintenir sa doctrine toujours la même, malgré les attaques des hérétiques, conserver son indépendance malgré l'ambition des princes et des rois.

Seule aussi l'Eglise catholique montre son apostolicité et sa stabilité par la succession non interrompue de ses pasteurs et de ses Pontifes, depuis saint Pierre jusqu'à Léon XIII et Pie X.

Seule donc elle a le droit de se dire fondée par Jésus-Christ, envoyée par lui pour enseigner toutes les nations, et, par suite, elle est l'héritière des pouvoirs donnés aux apôtres par le Sauveur.

Et cependant il est d'autres marques plus intimes et non moins évidentes de l'action divine dans cette société si grande et si bien ordonnée : l'Eglise catholique est un organisme vivant dont l'histoire nous montre l'activité et la fécondité surnaturelle.

C'est elle qui convertit le monde idolâtre et ramena les peuples à la connaissance du vrai Dieu ; elle qui opéra la transformation morale de la société, et fit succéder à la corruption païenne les vertus les plus nobles et les plus pures.

C'est elle aussi qui, pendant les trois premiers siècles de son existence, produisit des légions de martyrs, dont la patience héroïque confirma la vérité de la foi.

Et quand les Barbares envahirent l'Empire Romain, ce fut encore l'Eglise catholique qui, par ses Pontifes, ses évêques, ses moines, les adoucit et les civilisa ; elle les instruisit et déposa en eux, avec les lumières de l'Evangile, la semence des plus généreuses vertus.

Toujours féconde en œuvres saintes, elle a produit dans tous les siècles des milliers d'hommes et de femmes qui ont pratiqué les conseils évangéliques, et se sont dévoués jusqu'à la mort au service des pauvres, des malades, au soulagement de toutes les infirmités.

Seule, à toutes les époques de sa durée, elle a montré des hommes aux vertus héroïques dont la sainteté a été manifestée par des prodiges et d'autres dons surnaturels.

Un miracle bien constaté est une preuve de la mission divine et de la vérité révélée par Dieu, lorsqu'il est fait pour la confirmer. — Eh bien, parmi les miracles rapportés dans les annales de l'Eglise catholique et dans la vie de ses saints, il en est un nombre de parfaitement certains, un grand nombre qui furent opérés pour autoriser sa doctrine.

Qu'on lise l'histoire de saint Bernard, écrite par ses contemporains, témoins de ses œuvres et de son apostolat ; — qu'on parcoure la vie de saint François Xavier, et les actes de sa canonisation, on y trouvera le récit de prodiges nombreux, éclatants, et si bien attestés que plusieurs écrivains étrangers à nos croyances en ont reconnu la réalité.

De nos jours même, combien de merveilles accordées à l'intercession de la Vierge Marie !

Au sanctuaire de Lourdes, depuis trente ans, un bureau composé de docteurs-médecins, examine chaque année les cures ainsi obtenues, et l'on a constaté la guérison d'un grand nombre d'ulcères, de cancers, de plaies visibles, de ces maux sur lesquels l'hypnotisme ou l'imagination n'a aucun pouvoir.

« Après trente ans d'observations, dit le Dʳ Boissarie (LOURDES, *histoire médicale*), nous relevons les noms de deux cent cinquante à trois cents médecins considérables par leur notoriété, qui se portent garants des faits observés à Lourdes. Dans des certificats détaillés et des conclusions sévèrement déduites, ils reconnaissent l'exactitude de ces guérisons, et déclarent ne pouvoir les expliquer d'une façon rationnelle et scientifique. » (LOURDES, *histoire médicale*, p. 251, 11ᵉ édition).

Eh bien, si la Vierge Marie, par sa prière, a multiplié les prodiges, ce n'est pas en faveur de sectes qui la méprisent et l'insultent, mais bien pour cette Eglise qui l'honore comme une mère, et qui naguères a proclamé son immaculée Conception.

Voilà quelques-uns des faits et des caractères qui nous font reconnaître dans l'Eglise catholique, la gardienne de la vraie foi, la maîtresse chargée d'enseigner aux hommes la doctrine révélée.

Déjà sa grandeur, son unité dans l'universalité,

son invincible stabilité la signalent comme le royaume du Messie annoncé par les prophètes, et comme le royaume voulu, fondé par Jésus-Christ.

Mais plus encore, par son admirable propagation, et la transformation morale qu'elle a produite dans le monde, par la vertu surnaturelle de ses martyrs et de ses saints, par son inépuisable fécondité en bonnes œuvres, par les miracles opérés en sa faveur, cette Eglise présente aux hommes la preuve irrécusable de sa divine mission.

Voilà pourquoi nous voulons continuer de dire avec tous les chrétiens des premiers siècles, et avec les apôtres eux-mêmes dans leur symbole : « Je crois à la sainte Eglise catholique ! »

Voilà pourquoi nous ne voulons pas apostasier en désertant la foi de cette Eglise, et nous refusons de nous faire protestants !

TABLE DES MATIÈRES

Saint-Amand (Cher). — Imprimerie Bussière.